Franz Kabelka & Hans Poiger · Das Böse war meine Kundschaft

Franz Kabelka & Hans Poiger

Das Böse war meine Kundschaft

Ein Chefinspektor wird einvernommen

BUCHER

1. Auflage 2019
BUCHER Verlag
Hohenems – Vaduz – München – Zürich
www.bucherverlag.com

© bei den Autoren
Bildnachweise: siehe Seite 156
Alle Rechte vorbehalten

Lektorat: Josef Thaler, Robert Lackner
Gestaltung: Dietmar Waibel
Umschlaggestaltung unter Verwendung einer Illustration von Adobe Stock
Herstellung: BUCHER Druck, Hohenems

Printed in Austria

ISBN 978-3-99018-492-9

Inhalt

Vorwort

Verbrechen und ihre Aufklärung sind nicht nur faszinierende Geschichten, sie sind immer auch echte Psychologie. Jedes Verbrechen hat seine Vorgeschichte – und je schlimmer eine Tat, desto differenzierter ist der psychologische Hintergrund. Anders gesagt, jeder große Verbrecher ist auch ein außerordentlicher Psychologe, nicht erlernt, sondern aufgrund seines Instinkts, seiner Menschenkenntnis und seiner Fähigkeit zu planerischem Denken. Dieser sechste Sinn, den man nicht wie Kriminaltechnik oder Verhörtaktik erlernen kann, zeichnet auch den guten Ermittler aus. Er muss ihn ein Stück weit mitbringen und durch Erfahrung weiter entwickeln. Ähnlich ist es wohl beim Krimiautor: Wie man eine fesselnde Story entwickelt, kann man in keinem Buch des Titels »Wie schreibt man einen Kriminalroman?« nachlesen oder über einen Fernkurs erwerben.

In jedem Verbrechen und seinen Protagonisten ist etwas von dem zu finden, was das menschliche Wesen ausmacht, was seine Psyche prägt und sein Verhalten bestimmt: Emotionen und Affekte, Leidenschaft und Ängste, Eifersucht und Neid, Machtanspruch und Gier, oft auch psychische Probleme und Krankheit. Tiefenpsychologisch steckt häufig die Angst dahinter, zu wenig anerkannt zu sein.

In Verbrechensgeschichten kann man einen großen Teil der psychischen Störungen abhandeln: die Angst vor Liebesverlust in den Beziehungsdelikten, den Wunsch nach Flucht und Entrückung in den Rauschtaten, die Traumafolgen in kriminellen Reinszenierungen, jene schädlichen Milieueinflüsse in Gruppendelikten. Emotionale Verarmung zeigt sich in den abscheulichen Taten der Psychopathen, Dissozialität im breiten Spektrum der Eigentumsdelinquenz und Sadismus in Sexualverbrechen. Amokläufe demonstrieren uns die Macht der Kränkung, und grausame Verbrechen lassen uns in die seelischen Abgründe blicken. Wie kann man böse Gefühle besser beschreiben als durch Affektdelikte und wie die Drogenwirkung anschaulicher machen als durch Rauschtaten? Und wie ist der maligne Narzissmus verständlicher zu erklären als in Erzählungen über Serienkiller? Ein schriftstellerisches Werk über Kriminalität ist immer auch ein Lehrbuch der Psychologie, und Erfahrungsberichte von Ermittlern sind stets eine Lehrstunde über menschliches Extremverhalten.

Kriminalpolizisten und Kriminalautoren müssen sich in die Innenwelt der Täter einfühlen, ihr Denken übernehmen, ihr Beziehungsverhalten abschätzen, ihr Milieu analysieren und ihr Verhalten nachvollziehen können. Wer sich in der psychosozialen Welt krimineller Menschen nicht auskennt, wird weder ein Verbrechen klären noch eine gute Kriminalstory schreiben. Deshalb muss jeder erfolgreiche Ermittler ein guter Psychologe sein. Und erst recht der Krimiautor.

Um ein Verbrechen zu klären, ist ein Wechsel der Perspektive unabdingbar. Nur wer in der Lage ist, in die Haut des Täters zu schlüpfen und sich in das Erleben des Opfers einzufühlen, wird besser als der Verbrecher sein. Auch wird ein erfahrener Kriminalist nie nur einer Spur folgen, mag sie noch so heiß erscheinen. Erst wenn man Alternativen überlegt und auch das Unmögliche denkt, wird man nicht auf eine falsche Schiene geraten, die in die Gegenrichtung zur Lösung führt. Und was ist die höchste Kunst des Kriminalschriftstellers? Wenn er falsche Fährten legen kann.

Genau in diesen Spannungsfeldern bewegen sich die Gespräche zwischen Hans Poiger und Franz Kabelka, zwischen dem erfahrenen »Kriminaler« und dem erfolgreichen Krimiautor. Die Befragung des Chefinspektors wird, so hat man den Eindruck, selbst zum Psychospiel. Wer hat den tieferen Einblick, wer scharfsinnigere Überlegungen, wer denkt an verblüffendere Erklärungen? Wer gibt mehr von sich und seinem Handwerk preis, der Fragende oder der Gefragte? Das Interview wird so ein Stück weit zum Kriminalrätsel, bei dem man manchmal im übertragenen Sinne nicht weiß, wer Ermittler und wer Ermittelter ist: Mit diesem interessanten Ansatz kommen die beiden dem Bösen, diesem unlösbaren Rätsel, ein Stück näher.

Dr. Reinhard Haller

I. Die Einvernahme

Der Kriminalist Hans Poiger (HP) im Gespräch mit dem
Krimiautor Franz Kabelka (FK)

*Anmerkung: In diesem Buch, das auf Interviews basiert, die sich über
mehrere Monate erstreckten, wird immer wieder auf schreckliche Verbrechen und tragische Vorkommnisse Bezug genommen. Umso wichtiger
ist es beiden Gesprächspartnern, Opfer von Gewalttaten bzw. deren Angehörige möglichst zu schonen, weshalb deren Namen hier anonymisiert
werden. Sofern allerdings ein gerichtlich behandelter Fall bereits unter
voller Namensnennung in den Medien veröffentlicht wurde, ergäbe eine
solche Anonymisierung wenig Sinn, insbesondere dann, wenn zwecks
Illustrierung der historischen Ereignisse ein entsprechender Zeitungs-
artikel in diesem Buch Verwendung findet.*

Kriminalistik heute und früher

FK Wir haben uns darauf geeinigt, Hans, dass du für mich und
unsere Leser ein wenig aus dem kriminalistischen Nähkästchen
plaudern wirst. Dieses dein Nähkästchen, es ist ja ein ziemlich
großes, ein veritabler Kleiderschrank eher. Immerhin rede ich
hier mit einem Kriminalisten, der von 1971 bis 2008 »dabei« war.
Seit zehn Jahren bist du jetzt als Chefinspektor des Landeskriminalamts in Bregenz, Ermittlungsbereich Leib/Leben, in Pension,
und aus der Distanz schauen manche Dinge bekanntlich anders
aus als während der Aktivzeit. Deshalb lass mich mit der Frage
beginnen: Inwiefern spiegelt die Arbeit des Kriminalisten die
gesellschaftlichen Zustände seiner Zeit, was hat sich im Verlauf
der Jahrzehnte verändert?

HP Auffällig ist, dass in den Siebziger-, Achtziger- und auch Neunzigerjahren schon zahlenmäßig mehr Tötungsdelikte begangen wurden, und zwar solche, die nicht unter den Begriff Beziehungsdelikte fallen, also Raubmord, Tötungen mit sexuellem Hintergrund, Auftrags- oder Bestimmungsmord, sogenannter Zeugenmord etc. In den letzten Jahren geschehen eher mehr Beziehungsdelikte, die eine geringere Herausforderung für den »Kriminaler« darstellen, da der Täter ja meist von vornherein bekannt oder auch schon tot ist. Zum Beispiel erweiterter Selbstmord. Offenbar sind die Leute heutzutage weniger konfliktlösungsfähig.

FK Welche markanten Unterschiede zu früheren Zeiten fallen dir spontan ein? Mit früheren Zeiten meine ich deine ersten Jahre als Kriminalist.

HP Na ja, früher gab es natürlich weitaus weniger Auswertungsmöglichkeiten, folglich war eine Spurenverfolgung und Beweismittelführung für die Ermittler schwieriger. Es gab keine DNA-Analyse, nur die Blutgruppenuntersuchung, die manchmal nicht besonders zuverlässig war, und auch nicht die ganze Elektronik wie Handy- und PC-Auswertung.

FK Und deswegen kam es mehr auf die individuellen Fähigkeiten des Ermittlers an?

HP Ja, schon. Lebenserfahrung und Menschenkenntnis – das psychologische Element, wenn du so willst – waren stärker gefordert. Ich sage ja manchmal: Du musst als Kriminaler vor allem Psychologe – Kriminalpsychologe – sein.

FK Hat sich eigentlich an den Grundsätzen, die dir vor über vierzig Jahren im Rahmen deiner kriminalistischen Ausbildung vermittelt wurden, etwas Grundlegendes geändert?

HP Veranlasst durch dieses Gespräch – oder sollte ich sagen durch diese »Vernehmung«? – habe ich in alten Unterlagen gekramt und bin auf Kriminalistikskripten aus der Ausbildungszeit gestoßen, an die ich mich schon gar nicht mehr erinnern konnte. Wenn ich die betrachte, bin ich überzeugt, dass das, was damals gelehrt wurde, heute noch genauso Gültigkeit hat. Schmunzeln lässt mich die Art, *wie* die Lehrinhalte vermittelt wurden.

Ein alter Kriminalistiklehrer, der sich, wenn seine Nerven allzu sehr strapaziert waren, im Klassenzimmer eine Zigarette anzündete, gab uns Erfahrungen aus seiner Nachkriegsdienstzeit weiter. Dabei meinte er unter anderem, manchmal lasse der Täter auch etwas am Tatort zurück. Ein Häufchen Kot zum Beispiel. Das dürfte so zu erklären sein, dass sich bei einem Täter, nehmen wir an bei einem Einbrecher, aus Anspannung und Aufregung während der Tatausführung ein übermäßiger Stuhldrang einstellt. Einen solchen Fall habe ich Ende der 1960er-Jahre als Gendarm in Dornbirn erlebt. Seither habe ich davon nie mehr gehört. Heute sind die Täter wohl cooler.

FK Kannst du dich an Fälle erinnern, wo eine Beweismittelsicherung mit heutigen Mitteln ganz andere Ergebnisse gebracht hätte?

HP Also da fallen mir gleich mehrere Beispiele ein. Zuerst der Fall der Frau Wilhelmine S., der sich zu Pfingsten 1975 im Ortsteil Rungelin oberhalb von Bludenz ereignete. Übrigens einer der ersten Mordfälle, an dem ich als Mitarbeiter meines Vorgängers und Vorbilds Karl Gantner als Jungspund mitgearbeitet habe. Die Frau, die nach dem Kirchgang dort hinauf spazieren ging, wurde auf einer Holzbank sitzend von hinten mit einer Kordel aus einer Badehose gewürgt und vermutlich bis zur Bewusstlosigkeit stranguliert. Anschließend hat der Täter sie vergewaltigt und sie dann mit einem Ast erschlagen. Spermaspuren waren vorhanden, in der Scheide auch Tannennadeln und Erdspuren. Damals wurden vor dieser Tat vier bis fünf Fälle von sexueller Belästigung bekannt. Ein Unbekannter griff Frauen, die in der Umgebung von Bludenz alleine im Wald spazieren gingen, unter den Rock oder an die Brüste. Ein paar Wochen nach diesem Mordfall wurde in Lorüns bei Bludenz wieder eine sexuelle Belästigung gemeldet, der Täter sei in unwegsamem, felsigem Gelände unterwegs. Ein Kollege und ich – selbst noch im Sonntagsanzug – waren schnell zur Stelle. Wir verhafteten den Mann, als er nicht mehr weiter konnte. Es war ein Türke, der bei der ehemaligen Kalkbrennerei Neyer in Bludenz arbeitete.

FK In felsigem Gelände mit einem Verbrecher unterwegs … Hört sich an wie ein Landkrimi Vorarlberger Provenienz! Kannst du ein paar Details zu dieser Festnahme liefern?

HP Ich versuche es. Also, nachdem der Kollege und ich den Verdächtigen, wie erwähnt, in steilem Gelände verfolgt und festgehalten hatten, mussten wir ihn hinab zur Straße bzw. zur Lorünser Illbrücke bringen, wo unsere Autos standen. Handschellen konnten wir ihm keine anlegen, weil er sonst, ohne sich an Bäumen und Sträuchern festhalten zu können, nicht hinabgekommen wäre. Wir wollten natürlich sicherstellen, dass er nicht flüchtet. So hatte ich die Idee, dem festgenommenen Türken die Schuhe auszuziehen, um zu verhindern, dass er uns davonlief. Ich dachte noch, diese Unannehmlichkeit müsse der Kerl schon in Kauf nehmen. Wie sich herausstellte, hatte das Barfußlaufen aber überhaupt keine Wirkung in meinem Sinn. Er war offensichtlich ein Naturbursche und schritt sicheren Fußes ungehindert voran, während wir ihm in Halbschuhen und Sonntagsanzug mehr schlecht als recht folgten. Ich selbst bin nämlich sehr empfindlich auf der Sohle, und so bewahrheitete es sich wieder, dass man nie leichtfertig von sich auf andere schließen sollte.

Später wurde in seiner Unterkunft unter dem Kopfpolster übrigens eine Axt gefunden. Eine Axt im Bett – alleine das ist ja schon ein Ausdruck von Gewalt! Wegen der sexuellen Übergriffe auf die Frauen konnte der Mann zwar überführt werden, nicht aber wegen des Mordes. Es stellte sich heraus, dass er seine Kleidung nach der Tat gewaschen und zum Trocknen aufgehängt hatte. Es konnte auch nicht mit Sicherheit geklärt werden, wo er sich zum Tatzeitpunkt aufgehalten hatte.

FK Falls doch, hätte man ihm wohl aus dieser Kordel einen Strick gedreht.

HP (lacht): Genau. Die Kordel ist ja am Tatort zurückgeblieben und wies sicher DNA-fähiges Material vom Täter auf. Auch Sperma vom Täter wäre vorhanden gewesen. Aber damals gab es noch keine DNA-Analyse.

FK Der Fall wurde also nicht gelöst?

HP Nein. Der Türke konnte nur fremdenrechtlich behandelt werden und wurde von der Behörde abgeschoben. Aber für mich war er hundertprozentig der Täter. Heutige Profiler würden das ganz sicher bestätigen. Um den Fall im Nachhinein sozusagen als Cold-Case-Fall aufarbeiten zu können, bräuchte man die DNA des mutmaßlichen Täters, aber der ist nicht mehr auffindbar. Fraglich, ob er überhaupt noch lebt.

FK Euch standen damals noch gar keine Profiler zur Verfügung?

HP Nein, das war zu jener Zeit völlig unbekannt. Das Profiling wurde in Österreich so ungefähr Anfang der 90er-Jahre ein Thema. Ich habe im Jahre 1993 erstmals ein Seminar des Dr. Thomas Müller über Tatortanalyse und Profilerstellung in Wien besucht, wo kanadische Experten uns mit dieser Materie vertraut machten. Es gab Kollegen, die mit Profiling oder Kriminalpsychologie nicht viel anfangen konnten, frei nach dem Motto: Was »dia Gschieda« da predigen, wissen wir auch. Wissenschaftlichen Betrachtungen gegenüber waren manche nicht so ganz aufgeschlossen. Andererseits: Viele Überlegungen und Schlussfolgerungen, die das Profiling und die Kriminalpsychologie lehren, stellen und stellten erfahrene Kriminalbeamte ja auch selbst an. Heute ist Kriminalpsychologie kein Fremdwort mehr.

FK In der Verfilmung eines Wallander-Krimis mit dem Titel *Die falsche Fährte* wird dem Kommissar seitens der Polizeiführung richtiggehend damit gedroht, einen Profiler hinzuziehen zu wollen, weil die Möglichkeit eines Serienmords im Raum steht. Frage: Wie kommt es, dass ein Profiler gerne als eine Art Über-Kommissar, jedenfalls aber als Konkurrent der Kriminalisten, dargestellt wird? Müssen sich diese zwei Alphatiere quasi anzicken?

HP In unserer Praxis bestand keine Konkurrenzsituation zwischen Ermittler und Profiler, im Gegenteil: Bei einer heiklen Fallbearbeitung, speziell bei unbekanntem Täter, waren wir von uns aus bemüht, ein Profiling zu bekommen. In den Neunzigerjahren, als diese Methode aufkam, war Dr. Thomas Müller der einzige österreichische Ansprechpartner. Mittlerweile gibt es eine eigene Abteilung im Innenministerium, die Profilings auf Ersuchen der Kriminalisten erstellt. Dieses Profilerteam beurteilt aufgrund der Fallunterlagen und Besprechungen, ob ein Profiling im konkreten Fall überhaupt Erfolg versprechend ist. Wenn ja, nehmen wir Ermittler diese Unterstützung gerne in Anspruch. Von gegenseitigem Anzicken kann in der Praxis also keine Rede sein, und ein Chef wird seinen Ermittlern auch nie mit dem Beiziehen eines Profilers drohen.

FK Zusatzfrage: Wie oft hast du im Verlauf deiner Karriere überhaupt mit einem Profiler zusammengearbeitet?

HP Mehrmals. Ich glaube, dass die betreffende Abteilung aus dem Innenministerium uns während meiner Dienstzeit drei Mal zur Verfügung stand.

FK Erfolgreich?

HP Die Schlussfolgerungen des Profilerteams waren jedenfalls hilfreich, wenn sie auch nicht unmittelbar zur Ausforschung der Täter führten.

FK Du wolltest noch einen zweiten Fall schildern, bei dem die Beweismittelsicherung noch nicht so weit fortgeschritten war und wo DNA-Analysen vermutlich einen schnellen Erfolg gesichert hätten.

HP Ja, der Fall Josefine D., geschehen am 10.6.1980. Es handelte sich bei dem Opfer um eine verwitwete und vermögende Geschäftsfrau, die in Bregenz am Pfänderhang wohnte. Sie ging oft ins Casino und besaß sogar Wacker-Bilder. In den frühen Morgenstunden kam sie vom Casino nach Hause und dürfte einen Einbrecher im Haus überrascht haben. Der Täter, der auf der Rückseite des Hauses durch das Klofenster ins Haus eingestiegen war, warf der Frau in ihrem Schlafzimmer deren Morgenmantel über den Kopf und verknotete ihn über ihrem Oberkörper. Er malträtierte die gefesselt am Boden liegende Frau, sodass sie serienweise Knochenbrüche erlitt. Er übte also extreme Gewalt gegen sie aus.

FK Was auf eine Beziehungstat hinwies, oder?

HP Genau. Sie wurde uns als teilweise unangenehme, aufdringliche Person beschrieben, die trotz ihres fortgeschrittenen Alters noch den Männern nachstellte. Der Täter hat ihre Gummihandschuhe, die sie zur Gartenarbeit verwendete und die auf der Gartenbank vor dem Haus lagen, zur Tatausführung getragen. Einer dieser Handschuhe blieb in der Verknotung des Bademantels stecken.

FK Dass er wusste, wo ihre Handschuhe lagen, deutet ja auch auf eine Beziehung der beiden hin, oder?

HP Ja, er dürfte die Frau und auch ihr Haus gekannt haben, auch aus anderen Gründen. Ihr Auto, ein kleiner Ford, war bei der Tatbestandsaufnahme nicht auffindbar. Einen Tag später entdeckte man vor dem Bregenzer Postamt den Wagen und darin den zweiten Gummihandschuh, womit klar war, dass der Täter mit dem Auto des Opfers geflüchtet war. In jenen Gummihandschuhen waren mit großer Wahrscheinlichkeit DNA-Spuren vorhanden. Man fand aber auch in diesem Fall nie einen Täter. Es gab zwar einen jungen Burschen, der ein Gefälligkeitsgeständnis abgab, aber der war nicht glaubwürdig, er wollte wohl einfach von der Gendarmerie in Ruhe gelassen werden …

FK Wie kann jemand, nur um von der Polizei in Ruhe gelassen zu werden, ein Mordgeständnis ablegen?

HP Das war ein schwerer Alkoholiker, der viel auf dem Kerbholz hatte und der zum Bekanntenkreis des Mordopfers zählte. Wir haben ihn frühmorgens in seiner Unterkunft abgeholt, damit er noch nicht voll besoffen war und sich nicht weigern konnte mitzukommen. Er war schlecht beieinander, weil noch nüchtern. Als wir ihn eingehend vernahmen, gestand er schließlich die Tat.

Wir gaben uns aber nicht damit zufrieden, denn viele seiner Aussagen passten nicht mit den Fakten zusammen. Vielleicht war ihm einfach alles »übrig« geworden.

Zurück zu den Gummihandschuhen: Damals, in den 70er-Jahren, war die DNA-Analyse noch völlig unbekannt. Jahre später, als wir diese Untersuchungsmethode zur Verfügung hatten, gab es die Möglichkeit, Spuren von zurückliegenden Fällen nachträglich untersuchen zu lassen. So machte ich das auch in diesem Fall. Ich schickte ihn zur Gerichtsmedizin Innsbruck, aber der Gummi als Spurenträger war bereits so desolat und bröselig, dass daraus keine DNA mehr extrahiert werden konnte.

FK Man hört ja manchmal davon – bzw. sieht es in TV-Krimis –, dass der Mörder sich beim Begräbnis seines Opfers einfindet. Hast du, oder habt ihr von der Polizei, jemals aus dem eine Konsequenz gezogen und deshalb am Begräbnis eines Opfers teilgenommen?

HP Direkt an Begräbnissen teilgenommen haben wir nicht, aber Begräbnisse observiert schon. Das geschah allerdings sehr selten. Wir machten es zum Beispiel bei getöteten Zuhältern oder Prostituierten, weil dann immer die ganze Gilde aufmarschiert ist und wir so einen Überblick darüber bekamen, wer alles mit dem oder der Toten in Verbindung stand.

FK Würde man das heute auch noch machen?

HP Sicher, wenn es Sinn macht und möglich wäre, einen Verdächtigen zu eruieren, würde das sicher auch heute gemacht werden. Aber man kann davon ausgehen, dass dies keine gängige Praxis ist.

FK Üblicherweise versucht ein Täter ja, keine Spuren zu hinterlassen. Aber in Filmen oder Krimis liefert sich der Täter mit der Polizei manchmal ein Katz-und-Maus-Spiel, indem er absichtlich einen Hinweis – etwa in Form eines Zeichens oder einer Inschrift – am Tatort hinterlässt.

HP Mit Absicht? Ich habe das jedenfalls im Bereich Tötungsdelikte nie erlebt. Aktuell fällt mir aber ein, dass der vor Kurzem überführte Bankräuber, genannt der Postkartenräuber, insofern

Katz und Maus mit der Polizei gespielt hat, als er nach den ersten Überfällen Postkarten an Polizei und Banken schickte, auf denen er mitteilte, dass das noch nicht alles gewesen sei und er wieder zuschlagen werde.

Zurück zum Mordfall: Bei der Auffindung einer Leiche spielt unter anderem eine Rolle, in welcher Lage sie hinterlassen wird, ob z. B. das weibliche Opfer eines Sexualdelikts noch in eine bestimmte Position gebracht wurde. Das ist zwar kein vom Täter bewusst hinterlassener Hinweis, aber für das Täterprofil sehr wichtig. Wenn etwa nach einer Schändung das Opfer mit nackten und gespreizten Beinen zurückbleibt, drückt das eine zusätzliche Erniedrigung aus und lässt auf Charakter und Eigenschaften des Täters Rückschlüsse zu. Andererseits kann es eine Art Entschuldigung bedeuten, wenn der Täter das Opfer nach der Tat zurechtrichtet, mit einer Decke oder Bettzeug zudeckt und in eine »ansehnliche« Lage bringt. Ein sehr prominentes Beispiel – nicht wegen des Opfers, sondern wegen des Täters: Bei der Auffindungssituation einer ermordeten Prostituierten[1] in Lustenau ergaben sich Parallelen zu anderen Morden an Prostituierten im Osten Österreichs und in den USA. Die Tote lag bäuchlings auf dem Boden, mit dem Gesicht zur Erde, und hatte ihren Slip in die Mundhöhle gedrückt. Als Täter wurde später Jack Unterweger überführt.

FK Hast du Jack Unterweger selbst vernommen?

HP Nein. Aber zwei Kollegen von mir waren Mitglied einer bundesweiten Sonderkommission, die die Morde von Unterweger untersucht hat. Im Vorarlberger ORF-Studio hatte Unterweger damals eine Lesung und wohnte in einer Dornbirner Pension. Fasern, die am Mordopfer gesichert wurden, insbesondere eine rote Faser, ließen sich der Kleidung des Jack Unterweger zuordnen. Die rote Faser stammte von dem von ihm getragenen Schal.

FK Ein früher Fall für den DNA-Abgleich?

HP Nein, was den von Jack Unterweger in Lustenau begangenen Mord betrifft, waren es hauptsächlich die Faserspuren, die ihn überführten. Die DNA-Analyse wurde damals in Österreich noch nicht praktiziert. Unsere Vorarlberger Spurensicherer haben in diesem Fall zur Untersuchung von Faserspuren und sonstigen biologischen Spuren die kriminaltechnischen Labors des Wissenschaftlichen Dienstes der Stadtpolizei Zürich und des

---

1 DETAILS AUS DEN PERSÖNLICHEN AUFZEICHNUNGEN POIGERS:

Die 31-jährige Prostituierte Heidemarie H. war ab 6.12.1990 aus Bregenz abgängig. Ihre Leiche wurde am 31.12.1990 in einem Waldstück im Lustenauer Ried aufgefunden. H. war durch Würgen, Drosseln und Knebeln ermordet worden. Als Täter wurde später der Serienmörder Jack Unterweger eruiert, der mehrere Prostituiertenmorde begangen hatte und zu lebenslanger Haft verurteilt wurde. Unterweger nahm sich kurz nach der Verurteilung in seiner Haftzelle das Leben.

Landeskriminalamtes München in Anspruch genommen. Diese Untersuchungsstellen waren technisch weiter fortgeschritten als unsere in Österreich.

FK Dann schildere doch bitte einmal einen Fall, wo die DNA-Analyse maßgeblich zur Klärung des Falls beitrug.

HP Ein Fall, der seinerzeit großes öffentliches Interesse erweckte und dementsprechend auch in den Medien ausgeschlachtet wurde, war der der »Leiche ohne Kopf«. Seit 16.12.1991 war die 71 Jahre alte Helga Pobornikoff aus Gaißau abgängig. Am 16.5.1992 wurde im Klostertal in bewaldetem Gelände an der Bundesstraße S 16 im Gemeindegebiet Innerbraz eine weibliche Leiche gefunden. Der Kopf fehlte und einige Extremitäten waren vermutlich mit einer Axt oder einem ähnlichen Werkzeug abgetrennt worden. Dadurch sollte offensichtlich eine Identifizierung verunmöglicht werden. Die Leiche lag wohl bereits mehrere Monate in diesem Bereich, war zum Teil schon skelettiert und wies ausgedehnten Tierfraß auf. Eine Identifizierung war deshalb sehr schwierig. Obwohl es – wie gesagt – bei uns damals noch keine DNA-Untersuchung gab, hat einer unserer Spurensicherer trotzdem den noch unversehrt vorhandenen Daumen einer Hand asserviert.

Ein Vergleich von alten Röntgenbildern mit den von der Gerichtsmedizin Innsbruck gesicherten Leichenresten ergab eindeutige Hinweise auf die Identität der Toten. Unsere Spurensicherung befasste das Institut für Rechtsmedizin der Universität Bern mit der Untersuchung des Daumens und anderen Spurenmaterials. Dort wurde das DNA-Verfahren nämlich schon angewendet. Diese Untersuchungen bestätigten endgültig und sicher die Identität der Frau auf DNA-Basis.

Aus dem Umfeld der Frau wurde der Verdacht geäußert, dass ihr damals 70 Jahre alter Ehemann, der angebliche Diplomingenieur und Doktor – die akademischen Titel waren ihm schon lange aberkannt worden – Dimiter Pobornikoff sie beseitigt haben könnte. Pobornikoff bestritt dies vehement, lächelte immer höflich und freundlich und gab zu verstehen, dass es geradezu

„Jack" im Ländle, Lei

DNA überführte Mörder und Verbrecher: Vorarlberg spielte eine Vorreiterrolle.

MORDE. Längst vorbei sind die Zeiten, als die Kriminaltechniker die Tatorte hauptsächlich mit Silbernitrat abpinselten und mit Folien Fingerabdrücke sicherten. Immer mehr Verbrechen werden heute mit Hilfe des genetischen Fingerabdrucks aufgeklärt. Begonnen hatte der Siegeszug der Wunderwaffe DNA mit den Ermittlungen gegen Jack Unterweger, der im Jahr 1994 wegen neunfachen Mordes zu lebenslanger Haft verurteilt wurde und sich daraufhin in seiner Zelle erhängte. Der als „Häfnpoet" bekannt gewordene Triebtäter hinterließ seine Spuren auch in Vorarlberg. Das Opfer: Die Bregenzer Prostituierte Heidi Hammerer. Sie wurde zu Sylvester 1990 erdrosselt im Lus-

tenauer Ried gefunden. An ihrer Leiche wurden Fasern gesichert, die von Unterwegers Schal und Jacke stammten. Das verhängnisvolle Haar einer tschechischen Prostituierten fanden die Ermittler in seinem BMW. Der Pionier der DNA-Analyse Richard Dirnhofer, führte die Untersuchungen in Bern durch.

Blutspuren in Garage

Der spektakuläre Mordfall Pobornikoff - hier führte eine forensische DNA-Analyse erstmals zu einer Verurteilung - sorgte im Jahr 1992 für großes Aufsehen in Vorarlberg. Damals wurde in Innerbraz eine kopflose Leiche gefunden. DNA-Untersuchungen ergaben schließlich, dass es sich um die Leiche der abgängigen Helga Pobornikoff handelte. Blutspuren in der Garage ihres Ehemanns Dimiter stimmten mit dem genetischen Material des gefun-

denen Torsos überein. Na⟨ einem Aufsehen erregend⟨ Indizienprozess wurde d⟨ gebürtige Bulgare zu leben⟨ langer Haft verurteilt. Er sta⟨ im Gefängnis, der Kopf sein⟨ Frau wurde bis heute nic⟨ gefunden.

Eine der spektakulärst⟨ Beweisführungen in der V⟨ arlberger Kriminalgeschich⟨ war der Nachweis über DN⟨ Analyse, dass der „Kinde⟨ schänder aus Fraxern", Ka⟨ heinz Sch., für zwei grausam⟨ Delikte im schweizerisch⟨ Grabs und in Frastanz verar⟨ wortlich ist. Ein Jahr spät⟨ 1997, wurde mit der Erric⟨ tung eines DNA-Zentrallab⟨ in Innsbruck begonnen. He⟨ te zählt die Datenbank zu d⟨ größten der Welt. Doch d⟨ beste naturwissenschaft⟨ che Technologie nützt nich⟨ ohne gute Polizisten am T⟨ ort. Und davon hat Vorarlbe⟨ einen ganze Menge, wie d⟨ Kriminalgeschichte zeigt.

---

absurd sei, ihm so eine Tat zu unterstellen. Nach unseren Ermittlungen und der Spurenlage war ein Tatgeschehen anzunehmen, wonach Helga Pobornikoff in ihrem gemeinsamen Haus, bei einer Auseinandersetzung oder einem gezielten Angriff ihres Mannes, über die Stiege in den Keller fiel und im Zuge dieses Geschehens getötet wurde. Auf dem Garagenboden wurden Blutspuren nachgewiesen. Es hatte dort demnach ein blutiges Ereignis stattgefunden, aber wir konnten noch nicht sagen, was genau passiert war. Auch im Kofferraum seines Autos wurden Blutspuren nach-

he ohne Kopf

gewiesen. Pobornikoff konnte nachgewiesen werden, dass er zum Abgängigkeitszeitpunkt am Auffindungsort der Leiche gewesen war. Offenbar hatte er die von ihm mit grünen Wäscheschnüren umwickelte Leiche dort abgelegt. Pobornikoff wurde in U-Haft genommen und lieferte eine Menge Alibikonstrukte, die er zum Teil schon vor seiner Festnahme, für den Fall von polizeilichen Ermittlungen, angelegt hatte. Als raffinierter Hochstapler und in seiner grenzenlosen Überheblichkeit war er der Überzeugung, Polizei und Justiz in die Irre führen zu können. Dies wurde ihm

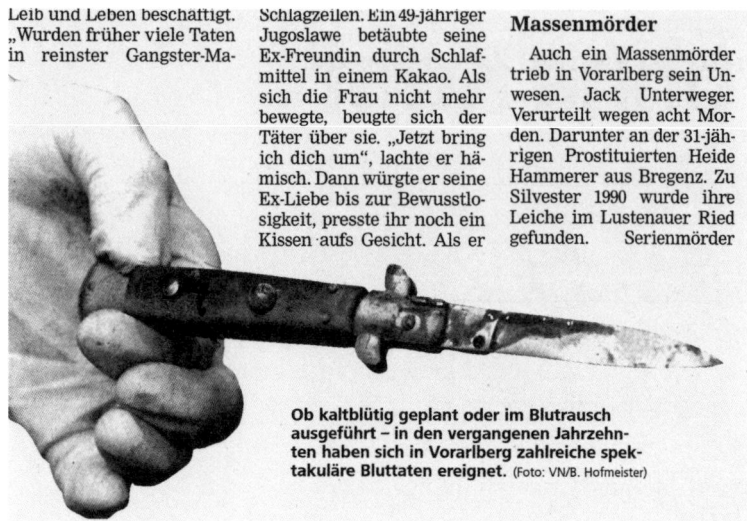

Leib und Leben beschäftigt. „Wurden früher viele Taten in reinster Gangster-Ma-

Schlagzeilen. Ein 49-jähriger Jugoslawe betäubte seine Ex-Freundin durch Schlafmittel in einem Kakao. Als sich die Frau nicht mehr bewegte, beugte sich der Täter über sie. „Jetzt bring ich dich um", lachte er hämisch. Dann würgte er seine Ex-Liebe bis zur Bewusstlosigkeit, presste ihr noch ein Kissen aufs Gesicht. Als er

Massenmörder

Auch ein Massenmörder trieb in Vorarlberg sein Unwesen. Jack Unterweger. Verurteilt wegen acht Morden. Darunter an der 31-jährigen Prostituierten Heide Hammerer aus Bregenz. Zu Silvester 1990 wurde ihre Leiche im Lustenauer Ried gefunden. Serienmörder

Ob kaltblütig geplant oder im Blutrausch ausgeführt – in den vergangenen Jahrzehnten haben sich in Vorarlberg zahlreiche spektakuläre Bluttaten ereignet. (Foto: VN/B. Hofmeister)

letztlich zum Verhängnis. Es konnte eine überzeugende Indizienkette nachgewiesen werden, aufgrund derer er vom Landesgericht Feldkirch zu lebenslanger Haft verurteilt wurde. Er hat diese Verurteilung in einer Haftanstalt in Deutschland – weil er auch deutscher Staatsangehöriger war – bis zu seinem Tod verbüßt, ohne jemals ein Geständnis abgelegt zu haben.

FK Was war überhaupt sein Motiv für den Mord?

HP Er wollte eine damals 33 Jahre alte Bulgarin, in die er sich verliebt hatte, adoptieren und zu sich in sein Haus in Gaißau aufnehmen. Für die Adoption hätte es der Zustimmung von Helga Pobornikoff bedurft. Außerdem wollte er das ganze Haus in Gaißau erben, um eben darin alleine mit seiner »Adoptivtochter« leben zu können.

Angehörige der Getöteten hätten gerne die Überreste der Leiche, die im Gerichtsmedizinischen Institut der Universität Innsbruck deponiert waren, bestattet. Hierzu wäre nach den entsprechenden gesetzlichen Bestimmungen die Zustimmung von

Dimiter Pobornikoff erforderlich gewesen. Diese hat er bis zu seinem Tod nie gegeben.

Bei den Ermittlungen zu diesem Mordfall hat der heutige Staatsanwalt Dr. Manfred Bolter in seiner damaligen Eigenschaft als U-Richter mit mir aktiv Außendienstermittlungen durchgeführt. Das war für einen U-Richter eigentlich unüblich, aber bei Dr. Bolter handelte und handelt es sich auch um einen ungewöhnlich engagierten Vertreter seiner Zunft. Gemeinsam vernahmen wir Zeugen bei uns und in der Schweiz. Im Zuge der gerichtlichen Voruntersuchung reisten wir zusammen mit dem Staatsanwalt und dem Verteidiger zur Vernehmung weiterer Zeugen und zwecks ergänzender Ermittlungen nach Bulgarien, was damals nicht alltäglich war. Ich hatte aufgrund der Begleitumstände dieser Dienstreise immer ein wenig das Gefühl, in einem Geheimdienstkrimi mitzuspielen.

FK Weshalb das?

HP Nun, bei unserer Ankunft am Flughafen Sofia wurden wir von einem lupenrein Deutsch sprechenden, sehr eloquent auftretenden Herrn mit Chauffeur und Pkw abgeholt und ins Hotel gebracht. Er betreute uns auch in den folgenden Tagen und lud uns zu einem noblen Abendessen ein. Ich war die längste Zeit der Meinung, er sei ein von der österreichischen Botschaft bereitgestellter Botschaftsangehöriger. Unter anderem organisierte er für uns einen Kurzbesuch bei einem hohen Regierungsorgan, es dürfte der bulgarische Innenminister oder der Stellvertretende Ministerpräsident gewesen sein. Dabei ging er im Regierungsgebäude ganz selbstverständlich ein und aus, offensichtlich ohne jegliche Kontrolle. Sein Chauffeur, mit dem ich mich mehrmals unterhielt, erkundigte sich bei mir nach unserer Dienstbewaffnung (die wir natürlich nicht dabeihatten) und fragte mich, ob ich ihm Unterlagen von der Glock-Pistole besorgen könnte. Wie sich herausstellte, war unser Begleiter vom Feldkircher Anwalt des Dimiter Pobornikoff organisiert worden. Ich versuchte später zu recherchieren, wer der Mann war, konnte aber nur herausfin-

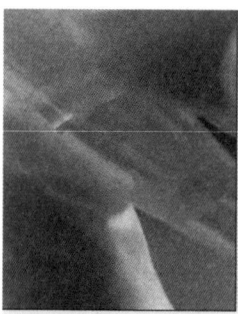

Arbeit der Ermittler stark.

Jack Unterweger hatte wieder zugeschlagen – der als Häfenpoet bekannt gewordene Triebtäter setzte seinem Leben 1994 nach der Urteilsverkündung ein Ende. „Jacks letzter Knoten" hieß es damals in den „VN".

Der Mordfall Krampe reiht sich ebenfalls in die Reihe spektakulärer Morde im Ländle ein. Angefangen hat alles mit einer Leiche, gefunden am Ostersonntag 1994 am Schwarzen See in Göfis. Der mittlerweile 35-jährige Sachse Olaf Wunderlich hat den Mord an Helmut Krampe (63) anfangs gestanden. Dann erklärte er, von der Kripo unter Druck gesetzt worden zu sein. Beim Mordprozess am Landesgericht Feldkirch im November 1996 wurde er freigesprochen. 2002 wurde er wegen des Mordes an Krampe in Berlin zu lebenslanger Haft verurteilt.

seine Schwester beanstandet hatte, mit einem gezielten Kopfschuss. Dann flüchtete der Täter über Frankreich, Italien und Jugoslawien nach Bregenz. Dort überfiel er das Waffengeschäft Deuring und schlug die Juniorchefin zu Boden. Als Albert Deuring seiner Tochter zu Hilfe kommen wollte, wurde er von dem Killer kaltblütig erschossen. Mit der Tochter als Geisel flüchtete Roman C. nach Lochau, wurde im Zuge einer Großfahndung

🙶 ....

Früher wurden viele Taten in reinster Gangster-Manier durchgeführt.

HANS POIGER
MORDGRUPPE

.... 🙷

im Wald geschnappt und zu einer lebenslangen Haftstrafe verurteilt.

Eine kopflose Leiche wurde im Mai 1992 in Innerbraz entdeckt. DNA-Untersuchungen ergaben schließlich, dass es sich um die seit Dezember 1991 abgängigen Helga Pobornikoff aus Gaißau handelte. Aufgrund einer lückenlosen Indizienkette konnte ihr Gatte Dimiter schließlich als Mörder überführt werden.

Der Raubmord von Frastanz im Jahr 1998 hat weit über die Grenzen hinaus für Aufregung gesorgt. Gün-

gen ihn tot. Die 76-jährige Schwester des Opfers wurde von den Tätern im Hausgang überrascht, gefesselt und massiv geschlagen – dann durchsuchten die Täter das Haus nach Geld. Zwischenzeitlich konnte sich die 76-Jährige befreien, zu Nachbarn retten und Alarm schlagen.

Kaltblütig ermordet

Kaltblütig aus dem Weg geräumt wurde auch die 41-jährige Monika Iozzo aus Feldkirch. Ihr Gatte Pietro wurde als Mörder überführt und verurteilt. Kurz vor der Scheidung erdrosselte er die Frau und versteckte ihre Leiche in der Nofler Au. Der Sizilianer bestritt bis zuletzt die Tat. Obwohl er schon seine erste Gattin in der Schweiz durch einen angeheuerten Killer erschießen lassen wollte. Die Frau überlebte und Iozzo wurde damals zu einer 13-jährigen Haftstrafe verurteilt.

Moderne Hilfsmittel

Dank DNA-Analysen und der modernen Computertechnik haben die Ermittler in den vergangenen Jahren mehrere Wunderwaffen für die Klärung ihrer Fälle erhalten. „Das Wissen und der Informationsfluss erleichtern unsere Arbeit enorm", sagt Poiger. Auch die Gerichtsmedizin kann immer öfter zur Klärung einer Tat helfen.

den, dass er mehrmals in einem Hotel in Vorarlberg logiert hatte und in Deutschland wegen Betrugs zur Festnahme ausgeschrieben war.

Über diese Auslandsdienstreise hat übrigens der bekannte ORF-Reporter Hanno Settele, der damals noch dem Landesstudio Vorarlberg angehörte, direkt aus Sofia berichtet.

FK Das war aber nicht deine einzige Dienstreise ins Ausland, wie ich von dir weiß. Welche hat dich eigentlich am weitesten von deiner eigentlichen Wirkungsstätte weggeführt?

HP Das wird wohl ein Fall in Thailand gewesen sein. Im Dezember 1996 wurde im thailändischen Sextouristen-Eldorado Pattaya ein deutscher Gymnasiallehrer in der Homosexuellenszene ermordet. Seine Leiche, bei der der Kopf abgetrennt worden war, wurde halb verkohlt in einem Feld aufgefunden. Der örtlichen Polizei gelang es über die Nachverfolgung der dem Opfer geraubten Kreditkarte, vier Täter zu ermitteln. Der Haupttäter, ein deutscher Staatsangehöriger, wurde in Thailand verhaftet und dort zu 40 Jahren Haft verurteilt. Einer der Mittäter war ein österreichischer Staatsangehöriger aus dem Montafon. Nach seiner Rückkehr arbeitete er im Kleinwalsertal in einer Gastwirtschaft, wo er auch verhaftet wurde. Nachdem er bei uns im LKA ein Geständnis abgelegt hatte, verhängte das zuständige Landesgericht Feldkirch über ihn die U-Haft. Um das Strafverfahren gegen den Montafoner durchführen zu können, waren die Aussagen des Haupttäters und anderer Zeugen, die sich alle in Thailand befanden, erforderlich. Aus diesem Grunde flog eine Gerichtskommission, bestehend aus einer U-Richterin, einer Staatsanwältin, dem Verteidiger des Verdächtigen, einem LKA-Kollegen und mir zur kontradiktorischen Vernehmung der Zeugen nach Thailand. Dank bester Zusammenarbeit mit der dortigen Polizei verliefen diese Ermittlungen sehr zufriedenstellend. Der Vorarlberger Mittäter wurde in der Folge vom Landesgericht Feldkirch zu lebenslanger Haftstrafe verurteilt.

FK Ich gehe davon aus, dass du bei dieser Reise einige interessante Einblicke in das thailändische Exekutiv- und Justizsystem gewonnen hast.

HP Allerdings! Nebst beeindruckenden, besser gesagt erschreckenden Einblicken in die auf den Sextourismus zurückzuführende kriminelle Szene waren für mich auch die Beobachtungen in einem thailändischen Gefängnis für Schwerverbrecher aufschlussreich. Im Vergleich dazu ist selbst die härteste österreichische Justizvollzugsanstalt ein gemütlicher Hotelbetrieb!

Rotlichtmilieu und Blauäugigkeit

FK Du hast erwähnt, dass Jack Unterweger unter anderem auch wegen eines Mordes an einer Vorarlberger Prostituierten überführt werden konnte. Etwas allgemeiner betrachtet: Wieso waren Prostitution und die damit einhergehende Zuhälterszene vor allem während der Siebziger- und Achtzigerjahre so ein großes Thema hierzuländle?

HP Ausschlaggebend war in erster Linie unsere geografische Lage. Das Rotlichtmilieu hat sich hauptsächlich im Bezirk Bregenz und im Feldkircher Grenzbereich zu Liechtenstein und der Schweiz entwickelt, wo es ein hohes Freierangebot aus Deutschland und noch mehr aus der Schweiz gab. Diese Klientel bezahlte in DM und Schweizer Franken, und die waren gegenüber dem Schilling attraktiver, weil damals für einen Sexualkontakt im Auto von den österreichischen Kunden 500 Schilling verlangt wurden, während die Deutschen 100 DM und die Schweizer 100 Franken bezahlten. Außerdem agierten die ausländischen Freier aufgrund ihrer Anonymität in Vorarlberg unbekümmerter. Das hohe Freieraufkommen hatte zur Folge, dass von Zuhältern Dirnen aus anderen österreichischen Bundesländern nach Vorarlberg gebracht wurden, um ordentlich abkassieren zu können. Die illegale Prostitution spielte sich auf dem Straßen- oder Autostrich sowie in Absteigen in angemieteten oder gekauften Wohnungen und Häusern ab.

FK Was waren die Konsequenzen daraus?

HP Nun, es kam zu Revier- und Cliquenbildungen, die zu einer ausgeprägten Konkurrenzsituation führten, woraus wiederum eine hochexplosive, gewalttätige Zuhälterkriminalität entstand, die so ziemlich alle Gewaltdeliktparagrafen quer durch das Strafgesetzbuch, bis hin zum Sprengstoffattentat mit zwei Todesopfern[2], abdeckte.

Im Rotlichtmilieu selbst – und auch, ich sag mal: in blauäugigen Kreisen – wurde unter anderem vorgeschlagen, ein Bordell zu errichten und den Straßenstrich zu verbieten. Mit dem Argument, dass sich damit die illegale Prostitution erledigen würde. Wenn das nur so einfach wäre! Grundsätzlich und vorweg gesagt: Die Prostitution kann nicht beseitigt werden. Die gibt es, ob legal oder illegal. Ganz abgesehen von der damaligen rechtlichen Situation hätte man ein Bordell mit 200 bis 300 Prostituierten einrichten und einen weiteren Zuzug von Dirnen verhindern müssen, der ja ohnehin kaum in den Griff zu bekommen war. Wer hätte dieses Bordell, oder auch mehrere davon, halbwegs konfliktfrei führen sollen? Ein durchschnittlicher Zuhälter hielt seinerzeit drei oder vier Prostituierte, was eine sogenannte »Partie« genannt wurde, und es wäre die Streitfrage entstanden, welcher Zuhälter kann wie viele Prostituierte im Bordell unterbringen. Es gab innerhalb der Zuhälterschaft eine gewisse Hierarchie. Die Alteingesessenen und die Gewalttätigeren beanspruchten mehr für sich als Neulinge. Wie auch immer: Es gelang im Verlauf der Jahre, die Zuhälterkriminalität einzudämmen, wozu auch die

2 DETAILS AUS DEN PERSÖNLICHEN AUFZEICHNUNGEN POIGERS:

Am 22. 8. 1984 um 1.20 Uhr wurde auf dem Campingplatz des Gasthauses »Lamm« in Bregenz-Vorkloster der Wohnwagen des amtsbekannten und schwer vorbestraften Zuhälters Kurt Sch. gesprengt. Kurt Sch., 43 Jahre alt, und seine fünf Jahre alte Stieftochter befanden sich zum Zeitpunkt der Sprengung im Wohnwagen. Sie waren beide sofort tot. Die Tat ist bis dato ungeklärt.

Justiz durch harte Urteile erheblich beitrug. Der ehemalige Leiter der Staatsanwaltschaft Feldkirch, Dr. Franz Pflanzner, der viele schwere milieubedingte Straftaten angeklagt hat, wäre ein profunder Zeitzeuge.

FK In der Tat ein richtiggehendes Milieu, das es damals in Vorarlberg gab. Was hat sich im Zusammenhang mit Prostituierten und Zuhältern noch so alles angesiedelt?

HP Okay, lass mich erst einmal erklären, wie eine »Partie« üblicherweise aussah: Da gab es den tonangebenden Zuhälter, der von einem oder mehreren »Buckeln« umgeben war. Darunter verstand man Gehilfen, die Chauffeurdienste leisteten und auch die Prostituierten auf der Straße überwachten. In den Unterkünften organisierten sie Essen für die Frauen und agierten als deren Beschützer für den Fall, dass ein Freier sich danebenbenahm oder nicht zahlen wollte. Diese Buckel haben in späteren Jahren auch »Funker« gespielt, was bedeutete, dass sie mittels Handfunkgeräten, den sogenannten Walkie-Talkies, die anderen aus der Partie davor warnten, wenn Polizei – damals eigentlich noch die Gendarmerie – unterwegs war. In den Siebzigern, als die klassischen Drogen in der Szene noch nicht so verbreitet waren, benutzten Dirnen wie auch Zuhälter als Aufputschmittel Captagon. Und um wieder »herunterzukommen«, nahmen sie Valium. Da gab es beispielsweise einen Zuhälter namens Presinell, der im Milieu »Captavoll« genannt wurde. Im Laufe der Jahre übernahm das Kokain die Rolle von Captagon. All das hat einen illegalen Handel mit Medikamenten und Drogen nach sich gezogen. Außerdem war es über die Zuhälterszene leicht, an Schusswaffen zu kommen.

FK ... die dann auch oft genug zum Einsatz kamen. Was waren eigentlich die Hauptgründe für die sogenannten Zuhälterkriege?

HP Zu gewalttätigen Konfrontationen zwischen Zuhältern kam es unter anderem deshalb, weil Ablösesummen nicht oder nur teilweise bezahlt wurden.

FK Ablösesummen – wofür denn?

HP Für die Prostituierten natürlich. Es kam immer wieder vor, dass sich Prostituierte von einem Zuhälter ab- und einem anderen zuwandten. Zum Teil aus persönlicher Sympathie – weil sie beim neuen Zuhälter mehr Wertschätzung erfuhren – oder um eine Kollegin auszustechen. Nicht unüblich war auch das regelrechte Abwerben von Dirnen. Jedenfalls wollte der ursprüngliche Zuhälter das meist nicht so einfach zur Kenntnis nehmen, schließlich erlitt er dadurch ja einen Einnahmenverlust. So hat er vom konkurrierenden Zuhälter eine mitunter sehr hohe Ablösesumme verlangt. Ablösesummen wurden entweder einvernehmlich vereinbart, je nach dem veranschlagten Marktwert der Prostituierten, oder auch unter Druck und Drohungen. Konnte dann die hohe Ablösesumme vom neuen Zuhälter nicht mehr bezahlt werden, führte das meist zu bleihaltigen oder messerscharfen Konfrontationen.

FK Stellt sich heute die Frage nach »Bordell – ja oder nein?« immer noch?

HP Was ich bisher geschildert habe, ist mittlerweile natürlich Schnee von gestern. Aber auch heutzutage kommt die Bordellfrage in Vorarlberg gelegentlich wieder aufs Tapet, und es werden dazu eine Menge Pro- und Kontraargumente ins Treffen geführt. Grundsätzlich muss klar sein, dass hinter dem Geschäft mit der Prostitution die alleinige Absicht steht, Kohle zu machen. Bordellbetreiber sind Geschäftsleute, keine Sozialarbeiter. Ein Bordellbetrieb kann als gesellschaftlich notwendig, gesetzlich und medizinisch kontrolliert, gewalt-, drogen- und zuhälterfrei, für Prostituierte und Freier fair und deshalb wünschenswert angepriesen werden. Zu bedenken ist aber, dass dieses Geschäft nur dann gut läuft und Profit bringt, wenn, wie in jedem anderen Gewerbe auch, »Ware von guter Qualität« angeboten wird. Ladenhüter und alte Modelle sind kein Kundenfang. Ich bitte um Nachsicht für den drastischen Vergleich, aber er trifft sicherlich zu. Realität ist leider: Freier wollen vorzugsweise von jüngeren und vor allem attraktiven Damen bedient werden. Deshalb werden solche aus osteuropäischen Staaten oder sozial schwachen Ländern, teilweise unter Vorspiegelung falscher Tatsachen, mit irgendwelchen rechtlich nicht zu beanstandenden Verträgen ins Land gebracht, um zeitlich befristet in Bordellen bei uns zu arbeiten. Moderner Frauenhandel, nichts anderes! Was würde ein geschäftstüchtiger Bordellbetreiber sagen, wenn ihn eine Prostituierte, deren Glanzzeit vorbei ist, um einen Arbeitsplatz im Bordell ansprechen würde? Ich höre ihn schon sagen: Bin ich das Sozialamt? Dass in solchen Betrieben Grauzonen entstehen, liegt für mich auf der Hand, insbesondere im Drogen- und Medikamentenbereich. Denn Alkohol, Drogen und Medikamente werden von vielen Prostituierten im Laufe der Zeit benötigt, um diesen Job aushalten zu können. Nun ist auch öfters zu vernehmen, dass die Frauen dieses Gewerbe ja völlig freiwillig und gerne ausüben würden. Von wegen freiwillig: Sie tun es in aller Regel deshalb, weil sie von Zuhältern nicht geschlagen und gezwungen werden wollen, weil sie einer aussichtslosen Lebenssituation ohne Zukunftsperspektive entkommen wollen, verbunden mit rosigen Versprechungen und verlockenden Einnahmen. Sicher ist, dass sich viele nicht prostituieren würden, wären sie materiell und sozial halbwegs versorgt. Die vermeintliche Aussicht auf das schnelle Geld ist eben ein unheimlicher Anreiz.

FK Und wie steht es deiner Ansicht nach um Prostitution als soziales Therapeutikum?

HP Dass Prostitution auch noch ein Therapeutikum sein soll für manche Männer – für Alleinstehende, potenzielle Sexualstraftäter, Schwerenöter etc. –, möchte ich doch sehr in Frage stellen. Gerade Prostituierte werden von solchen Männern auch misshandelt oder gar ermordet. Diese Freier würde ich gerne professionellen Therapeuten überlassen. Von den geschundenen und verzweifelten Frauen aus dieser Szene wird kaum gesprochen. Für mich haben die Freier und Geschäftemacher den größten Anteil an diesem Problem. Aufgrund meiner beruflichen Erfahrungen stehe ich jedenfalls jeglicher Förderung von Prostitution aus grundsätzlichen Überlegungen – Zeitgeist hin oder her – ablehnend gegenüber. Mein Fazit: »Zu meiner Zeit« sind fünf Prostituierte ermordet worden, hinzu kommen noch einige Mordversuche mit unbekannter Dunkelziffer. In all diesen Fällen, soweit sie bekannt wurden, waren Freier bzw. abnorme Rechtsbrecher die Täter. Elf Morde und Mordversuche haben Zuhälter begangen, bis auf eine Ausnahme allesamt an ihresgleichen aus Rivalitäts- und Konkurrenzgründen[3].

FK Wenn also die Szene in Vorarlberg mittlerweile weit nicht mehr so ausgeprägt ist, stellt sich die Frage: Wo gehen die Freier heute hin?

HP In der angrenzenden Schweiz gibt es eine Vielzahl von Bordellen, die sich eines regen Zuspruchs auch aus Vorarlberg erfreuen. Mittlerweile sind das keine einfachen Bordelle mehr, sondern Erotikcenter, die geradezu Erlebnis- und Fun-Welten für Alt und Jung bieten.

---

3   DETAILS AUS DEN PERSÖNLICHEN AUFZEICHNUNGEN POIGERS:

Harald Metzger, 24 Jahre alt, bekannter gewalttätiger Zuhälter aus Graz, erschoß nach Planung und unter Beteiligung der Zuhälter Albert Pacher, Roman Legat, Franz Pospisil, Josef Salzger, Josef Presinell und Johann Blümel, am 13. 8. 1979 auf der Rotkreuzstraße in Lustenau während eines Überholvorganges aus dem fahrenden Pkw den in die gleiche Richtung fahrenden, ebenfalls amtsbekannten Zuhälter, Josef S.

Metzger schoß als Mitfahrer des überholenden Fahrzeuges mit einer Pistole Kal. 9 mm durch das geschlossene Pkw-Fenster. S. wurde in den Hals getroffen und war schlagartig handlungsunfähig. Anschließend fuhr der Pkw von S. mit relativ hoher Geschwindigkeit ungelenkt geradeaus weiter und stieß mit großer Wucht gegen das Haus des ebenfalls amtsbekannten Zuhälters Otto Lackner, den S. besuchen wollte.

„Strich": Früher Prügel, heute der Schuß Heroin

Die blutigen Fehden sind zwar Vergangenheit. Die Prostitution und Zuhälterei im Land verursachen beim Durchschnittsbürger aber immer noch Ängste. Wir fragten die Gendarmerie: Wie ruhig ist es im Milieu wirklich?

VON ARNO MILLER

Die Szene befindet sich im Umbruch. „Wir reden hier von der Zuhälterkriminalität", steckt Hans Poiger, Kriminalbeamter in der Gruppe „Gesundheit, Leib und Leben", auch die eigene Position ab. Denn Prostitution ist in Vorarlberg nichts Kriminelles, sondern verstößt gegen das Verwaltungsrecht.

„Wir verfolgen die Prostituierten schon, aber wir wollen keinesfalls die Prostitution ausrotten. Auch uns ist bewußt, daß jede Frau mit ihrem Körper machen kann, was sie will. Und daß man die Prostitution nicht wegkriegt, ist auch klar. Aus rein kriminalpolizeilicher Sicht – nicht gesellschaftspolitischer! – sieht das so aus: Wenn wir die Prostitution verfolgen, dann wird der

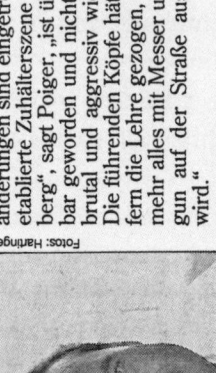

Poiger: Wir kennen das Elend.

Fotos: Hartinger

änderungen sind eingetreten. „Die etablierte Zuhälterszene in Vorarlberg", sagt Poiger, „ist überschaubar geworden und nicht mehr so brutal und aggressiv wie früher." Die führenden Köpfe hätten „insofern die Lehre gezogen, daß nicht mehr alles mit Messer und Pumpgun auf der Straße ausgetragen wird."

Gefährliche Verquickung

Freilich: „Bewaffnet sind sie nachwievor, die Waffen sind allerdings nicht mehr so ungeniert zu Hause oder im Auto." Und auch der Strich hat sich eher von der Straße in Absteigen und Unterkünfte verlagert.

Der in Konsequenz vielleicht gravierendste Unterschied zu früher ist die „besorgniserregende

Wiener oder Burgenländer her,

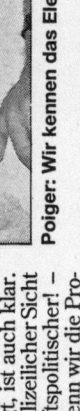

Zuhälter und damit weniger Kriminalität."

Das Grenzland Vorarlberg hat ein großes Freierangebot, „und damit kommen die Damen und Herren, um das auszunutzen. Wenn wir das stören, kommen auch nicht die

Die Männer mit dem schnellen Griff zur Waffe sind entweder tot oder eingesperrt. Die Nachfolger haben sich ihre Gebiete abgesteckt. Natürlich gebe es gegenseitige Bedrohungen, erklärt Poliger, aber einige wesentliche Ver-

mehr als der Hälfte der Dirnen gehört Gift schon dazu wie der Gummi, den sie mitführen."

Aus dem Fixermilieu ist der Sprung in *das* Milieu oft sehr kurz. Aus dem Milieu kommt aber auch der Nachschub.

Strich in Vorarlberg: Die Szene verlagert sich zusehends von der Straße weg in Absteigen.

Zeiten der Zuhälterkriege sind im Rheintal vorbei

JEANETTE HERZOG

Prostitution habe es in Vorarlberg schon immer gegeben, sagt Hans Poiger, pensionierter Ermittler des Landeskriminalamts. Ende der 1970er-Jahre sei der Strassenstrich so richtig aufgeblüht. Von St. Margrethen bis Bregenz hätten an einem Abend bis zu 40 Prostituierte auf Freier gewartet. «Die Damen sind sich an den besten Plätzen beinahe auf die Zehen gestanden», sagt er. Die ausländischen Währungen seien für die Prostituierten attraktiv gewesen. «Anstatt 500 Schilling haben die Freier für eine Nummer 100 Franken oder 100 Deutsche Mark bezahlt.» Und die Freier aus dem Ausland seien zahlreich erschienen, vor allem Schweizer und Deutsche.

Mord im «Ländle»

Die Situation habe Zuhälter aus anderen Bundesländern Österreichs angelockt. Im Laufe der damaligen Zeit seien 40 bis 50 Zuhälter und bis zu 300 Prostituierte aus ganz Österreich in Vorarlberg ihren Geschäften nachgegangen. «Für das Ländle war das Angebot zu gross.» Es sei zu Zuhälterkriegen gekommen:

● Ein 24jähriger Zuhälter erschoss 1978 in Lustenau aus einem fahrenden Auto heraus einen anderen Zuhälter, der ebenfalls im Auto unterwegs war. Der Mann war sofort tot; sein Auto fuhr aber weiter in das Haus eines dritten Zuhälters.

● Die verweste Leiche einer 19jährigen Prostituierten wurde im April 1982 in einer Wiese gefunden. Die Frau war im Oktober 1981 verschwunden. Die Todesursache blieb unklar. Bekannt ist, dass im Milieu die Abmachung bestanden hatte, die hübsche Frau zu beseitigen, da sie sich keinem Zuhälter hatte anschliessen wollen.

● 1983 trafen sich sieben Zuhälter im damaligen Gasthaus Helvetia in Lustenau, um über Milieuprobleme zu verhandeln. Es kam zu gegenseitigen Provokationen und Bedrohungen, was schliesslich in einer Schiesserei mündete. Zwei wurden getötet, einer wurde schwer verletzt.

«Wir haben die Täter rigoros verfolgt», erinnert sich Poiger. 1992 sei die Spezialeinheit «Sonderkommisson Sitte» ins Leben gerufen worden, um der Kriminalität Herr zu werden. Die Gerichte hätten drakonische Strafen verhängt, viele Zuhälter seien lange Jahre weggesperrt worden. Mit der Zeit sei die Milieukriminalität abgeflacht. «Heute ist die Prostitution und die mit ihr einhergehende Kriminalität in Vorarlberg weitgehend eingedämmt.» Dass es zu einer Verdrängung ins St. Galler Rheintal gekommen ist, hält Poiger für legitim: «Wenn die Schweiz die Prostitution zulässt, muss sie mit den Folgen zurechtkommen.»

«Wenn die Schweiz die Prostitution zulässt, muss sie mit den Folgen zurechtkommen.»

Hans Poiger
Pensionierter Ermittler

Fünf Bordelle in Au

Hanspeter Krüsi, Mediensprecher der Kantonspolizei St. Gallen, räumt ein, dass das Milieu «immer konfliktträchtig» sei. «Viele Leute wollen daran etwas verdienen – auch Menschenhändler.» Um diese zu bekämpfen, arbeiteten die Polizeien international zusammen. «Die rund 140 Bordelle im Kanton sind in der Regel aber in Ordnung», sagt er. Die Polizei pflege regelmässig Kontakt mit Betreibern und Frauen, «wahnsinnig viel» zu tun gäbe es nicht.

Stefan Suter, Gemeindepräsident von Au, bestätigt dies. «Probleme haben wir keine.» Er wünschte sich aber schon, die Bordelle seien besser verteilt. Alleine in seiner Gemeinde sind es fünf Betriebe, erst im Oktober ist ein neues eröffnet worden. Verhindern liessen sich die Bordelle kaum, sagt Suter. Allenfalls könne man es den Betreibern erschweren, sich in der Gemeinde niederzulassen.

Kommunikation und Öffentlichkeitsarbeit

FK Themenwechsel. Kannst du erläutern, was sich bei der Öffentlichkeitsarbeit der Polizei im Verlauf der Jahrzehnte alles verändert hat?

HP Früher wurde man als Ermittler so oft von Journalisten während der Arbeit angerufen, da hast du »nümma schaffa könna«. Heute geben der Leiter des LKA und der jeweilige Chefermittler so frühzeitig wie möglich in einer Pressekonferenz Auskunft über den jeweiligen Fall.

FK Sonst niemand seitens der Polizei?

HP Bei etwas ganz Aufsehenerregendem eventuell auch noch der Polizeidirektor. Vorstellbar wäre auch die Teilnahme eines Staatsanwaltes. In Deutschland ist in großen Fällen fast immer der zuständige Staatsanwalt dabei, oder die Pressekonferenz wird direkt vom Staatsanwalt mit Beteiligung der Polizei abgehalten.

FK In Fernsehkrimis ist es fast schon Standard, dass ein gestresster Chef Druck auf seinen Chefermittler ausübt und schnelle Ergebnisse in Hinblick auf die Pressekonferenz fordert. Ist das auch in der Realität so?

HP Nein, dafür ist die Pressestelle zuständig, die es vor 20 Jahren in dieser Form noch nicht gab. Bei der Einrichtung der Pressestelle und Abhaltung von Pressekonferenzen geht es auch darum, die Presseleute von den Ermittlern fernzuhalten und zu verhindern, dass man bei den ständigen Anrufen der Journalisten womöglich ungewollt zu viel an Information hinauslässt.

FK Wie heißt es so schön: Aus ermittlungstaktischen Gründen können keine Details bekannt gegeben werden ...

HP Genau. Es ist schon mehrmals geschehen, dass Ermittler ziemlich enge Kontakte mit Journalisten hatten. Bei uns weniger, aber in Wien hat es das schon gegeben.

FK Und dafür wurde dann geschmiert?

HP Das kann ich nicht sagen, das weiß ich schlicht und einfach nicht. Der eine oder die andere JournalistIn werden sich schon in irgendeiner Form erkenntlich gezeigt haben für Informationen aus erster Hand.

FK Was hat eigentlich der Pressesprecher zu tun, wenn es für die Medienleute ohnehin Pressekonferenzen mit dem Chefinspektor und dem LKA-Chef gibt?

HP Es werden ja nur in großen, aufsehenerregenden Fällen Pressekonferenzen abgehalten. Die übrige Presseberichterstattung erfolgt durch den Pressesprecher bzw. die Pressesprecherin. Die Einrichtung der Pressestelle diente dazu, die öffentliche Berichterstattung zu ordnen und falsche oder unkontrollierte Berichterstattung zu verhindern. Der Chefermittler zum Beispiel sagt dem Pressesprecher, was er hinausgeben darf und was nicht. Wie oft hat man sich früher gewundert, was da alles in der Zeitung stand. Da hat man sich schon gefragt, woher die das eigentlich wissen können und wer da wieder wem etwas gesteckt hat. Dieses Problem hat sich durch die Einrichtung der Pressestellen weitgehend erledigt.

FK Und es gab nie Versuche seitens der Medienleute, euch zu bestechen, um an zusätzliche Informationen ranzukommen?

HP Nein, mir ist nie bekannt geworden, dass etwa Bargeld geflossen wäre.

FK Wie würdest du generell das Verhältnis zwischen euch Kriminalisten und den Journalisten, die über eure Arbeit berichtet haben, charakterisieren? Wart ihr einfach von ihnen genervt, oder habt ihr letztlich auch von deren Berichterstattung profitiert?

HP Das Verhältnis war aus meiner Sicht absolut korrekt. Die Nachfragerei der Journalisten gerade zu Zeiten, wenn intensive Ermittlungsarbeit zu machen war, war mir und den meisten natürlich lästig. Es gab aber auch Kollegen, denen es etwas bedeutete, wenn ihr Name im Zusammenhang mit einem bekannten Kriminalfall in der Zeitung zu lesen war. Dadurch kamen mitunter Details in die Medien, die dort nichts verloren hatten.

FK Wie haben dich die Journalisten eigentlich erreicht? Hatten die deine private Telefonnummer?

HP Unsere Rufnummern sind wohl zum Teil durchgesickert oder auch bekannt gegeben worden. Ich muss schon erwähnen, dass die Polizei in gewissen Dingen auf die Medien angewiesen ist. Zum Beispiel bei der Fahndung nach gefährlichen Personen, bei Abgängigen, Kindern und Alten, zur Zuordnung von Diebesgut oder Tatwerkzeugen, natürlich auch in Verkehrsangelegenheiten und in der Kriminalprävention allgemein. In solchen Angelegenheiten ist eine Zusammenarbeit mit den Medien erforderlich und damit zusammenhängend auch der Austausch von Telefonnummern. Am Anfang des Handyzeitalters hatten wir alle Diensthandys mit unterdrückter Nummer. Heute geht das nicht mehr. Viele Leute nehmen Anrufe gar nicht erst an, wenn sie keine Nummer auf dem Display sehen. Da sind die Leute einfach kritischer geworden, ein Anruf mit unterdrückter Nummer ist heutzutage suspekt.

FK Wenn wir schon bei den Kommunikationsmedien sind: Wie ist das heute mit dem Polizeifunk? Wird der überhaupt noch verwendet?

HP Der Polizeifunk war früher leicht abzuhören, die Medien haben fast immer automatisch mitgehört. Am Anfang, beim Viermeterband, hast du dir quasi im Radio anhören können, was wir gefunkt haben. Heutzutage sind die Funkeinrichtungen natürlich sicherer, aber in der Praxis verwendet man bei der Arbeit fast nur noch Handys, vor allem bei heiklen Sachen. Für die schnelle Einsatzkoordinierung – wenn zum Beispiel in einem Fahndungsfall Dienstwagen an verschiedene Orte beordert werden sollen – oder bei dringender Verständigung von Einsatzkräften ist der Funk schneller und sinnvoller.

FK Wenn heute so gut wie jeder Polizist im Dienst sein Privathandy verwendet, können sich dadurch nicht auch Probleme ergeben?

HP Für den Dienstgebrauch stehen auf jeder Dienststelle Diensthandys bzw. Smartphones zur Verfügung. Vielleicht nicht immer und zu jeder Zeit für jeden einzelnen Beamten. Sorgen bereitet mir, dass heutzutage von Polizeibeamten und anderen Einsatzkräften Fotos mit dem eigenen Handy gemacht werden können, die sich dadurch grundsätzlich unkontrolliert verbreiten ließen. Ich sage ja nicht, dass das jemand absichtlich macht, aber alleine schon durch falsche Bedienung wäre das vorstellbar, oder wenn jemand anderer dieses Handy in die Hand bekommt. Noch extremer wäre es, wenn anderes internes Aktenmaterial aus einem Server oder einer Cloud in unbefugte Hände gelangte. Unvorstellbar, was passieren könnte, wenn die Unterlagen, die nur für Staatsanwaltschaft und Gericht bestimmt sind, nicht bestimmungsgemäß eingesetzt würden! Man kann sich bis hin zur Erpressung alles Mögliche vorstellen. Auch ein faires Gerichtsverfahren wäre unter Umständen in Frage gestellt.

FK Inwiefern?

HP Wenn zum Beispiel Ergebnisse einer Spurenauswertung, vielleicht Fotos von Beweismitteln oder Zeugenaussagen, vorab in die Öffentlichkeit gelangen würden. Der gesuchte Täter würde sich sofort ein Alibi verschaffen oder eben dieses Beweismaterial zu entkräften versuchen. Es gäbe da viel Raum für Manipulationen.

FK Früher, vor der Reform der Strafprozessordnung 2008, gab es noch den Untersuchungsrichter, der Haftbefehle, Hausdurchsuchungen und Sicherstellungen auf Antrag des Ermittlers und im Einvernehmen mit dem Staatsanwalt verfügte. Den U-Richter in dieser Form gibt es nicht mehr. Hat sich dadurch im Prozedere für die Kriminalisten eine Änderung ergeben, und spielt der Staatsanwalt heute eine wichtigere Rolle als früher?

HP Jedenfalls ist die Staatsanwaltschaft heute die erste Instanz, an die sich ein Ermittler in strafrechtlichen Angelegenheiten zu wenden hat. Der Staatsanwalt ist der Leiter des Ermittlungsverfahrens und ordnet unter anderem die in Frage kommenden Zwangsmittel an.

FK Diese strafprozessuale Vorgabe hat sich in meinem letzten Krimi *Kaltviertel* so niedergeschlagen, dass mein Chefinspektor

Wabitsch die Telefonnummer des Staatsanwalts als Nummer eins im Handy gespeichert hat.

HP Was durchaus der Realität entspricht, so haben wir es auch gehalten.

FK Aber was mir nicht ganz klar ist: Wie stark kann ein Staatsanwalt die Ermittlungsarbeit eines Kriminalisten lenken, beeinflussen?

HP Eine Beeinflussung findet höchstens dahingehend statt, dass der StA die Kripo anweist, einen bestimmten Bereich eines Falles tiefer auszuleuchten, um beispielsweise die Motivlage besser abzusichern oder einer Spurenfrage noch einmal nachzugehen. Das geschieht nicht aus Misstrauen der Polizei gegenüber, sondern aus juristischen Überlegungen in seiner Funktion als Ankläger vor Gericht. Der Ermittler hat einem bestimmten Bereich vielleicht zu wenig Aufmerksamkeit geschenkt, weshalb der Staatsanwalt, der ja juristische Hintergründe und verhandlungstaktische Überlegungen berücksichtigen muss, den Fokus neu justieren möchte. Speziell dann, wenn es um die Absicherung unsicherer Zeugenaussagen geht, die von Verteidigerseite sonst womöglich leicht zerpflückt werden könnten.

FK Ist die Rolle eines österreichischen Chefinspektors eigentlich dieselbe wie die eines Kommissars bzw. Hauptkommissars in Deutschland? Umgangssprachlich sagen ja auch bei uns viele »Herr Kommissar« zum Ermittler.

HP Die Rolle ist genau dieselbe, bloß der Titel ist ein anderer. Mir persönlich wäre es ja lieber gewesen, hätte man auf Titel überhaupt verzichtet. Dieser ganze Titelkult kommt aus Wien, so viel steht einmal fest. Der Titel »Inspektor« ist in Österreich historisch, und daraus ist eben der »Chefinspektor«entstanden. Ich habe eine gewisse Erfahrung mit der Vorgangsweise bei deutschen Gerichten, wo ich mehrmals als Zeuge geladen war. Dort wurde man nie mit dem Amtstitel, sondern einfach mit dem Namen, also ich als »Herr Poiger«, angesprochen. Damit kam ich ganz gut zurecht ...

Empathie, oder der Glaube an den Menschen

FK Wie geht es dir eigentlich, wenn du über ungeklärte Fälle grübelst?

HP Dort, wo ich selbst persönlich stark engagiert war, frage ich mich heute manchmal, ob diese und jene Vorgangsweise nicht besser gewesen wäre, eher zum Erfolg geführt hätte.

FK Gibt es da so etwas wie ein Muster? Hast du das Gefühl, öfters denselben Lapsus begangen zu haben?

HP Jetzt kommen wir schon sehr zum Eingemachten. Ich war immer der Meinung, dass man auch Verbrechern menschlich begegnen sollte. Karl Gantner, mein Vorgänger, war bekannt für seine Art, dass er Verdächtige psychologisch gut erreichen konnte. Beim Verfechten oder Ablehnen dieser Anschauung spielt natürlich eine große Rolle, welches Menschenbild man hat. Ob man der Ansicht ist, dass so etwas wie Unrechtsbewusstsein oder Einsicht auf Seiten selbst des größten Verbrechers geweckt werden kann und es dadurch womöglich zu einem Geständnis kommt. Ich habe die Erfahrung gemacht, dass das ganz gut gelingt, wenn man, wenn es etwa um Tötung geht, Verdächtige auf ihr Ehrgefühl und ihre Eltern anspricht. Aber natürlich gibt es auch jene, die innerlich so verroht sind, dass sie sich diesbezüglich nicht berühren lassen.

FK Das erinnert mich daran, dass es in der forensischen Psychotherapie mit Missbrauchstätern den Grundsatz gibt: »Ächte die Tat, achte den Täter!« Dass also auch Schwerverbrecher als Menschen gesehen werden müssen. Aber unterstützten alle im LKA diese – nennen wir es mal: sanfte – Herangehensweise?

HP Natürlich gab es auch Kollegen, die diese Einstellung nicht teilten oder einfach nicht besaßen und einem Verdächtigen eher den Verbrecherspiegel vorhielten. Dabei kam es schon vor, dass unterschwellig Druck ausgeübt wurde. Zum Beispiel in einer lautstarken und bestimmenden und vorwurfsvollen Gesprächsführung. Das führte in bestimmten Fällen ebenfalls zum Erfolg, wodurch ich mit meiner Haltung ins Dilemma kam.

Ich muss bekennen, dass ich bisweilen das Gefühl hatte, vielleicht mehr erreicht haben zu können, wäre ich dem Verdächtigen gegenüber bestimmter oder gar aggressiver aufgetreten. Wie auch immer: Ich hatte jedenfalls immer Probleme damit, auf jemanden Druck auszuüben, um zu einem für die Ermittlung positiven Ergebnis zu kommen. Heute wird ja weitgehend sehr pragmatisch »g'schaffat«: Da wird zusammengezählt, welche Ergebnisse wir haben, was beweiskräftig ist und was noch nötig ist, um dem Gericht schlüssige Beweise oder eine überzeugende Indizienkette liefern zu können.

Von einem leugnenden Verdächtigen, der natürlich einem Gerichtsverfahren und einer Verurteilung entgehen will, ein Geständnis zu erhalten, ist die eigentliche Königsdisziplin des Ermittlers – egal in welchem Deliktsbereich. Gerade dann, wenn die Beweislage schwach ist und überhaupt keine überzeugenden Beweise ermittelt werden können. Ist genügend überzeugendes Beweismaterial vorhanden, bräuchte ich ja eigentlich kein Geständnis mehr.

FK Hättest du auch für empathieresistente Geständnismuffel ein Beispiel anzubieten?

HP Da fällt mir gleich der Hodscha ein: Nach einer Serie schwerster Tresoreinbrüche und Tresordiebstähle im Vorarlberger Unterland konnte eine ganze Gruppe von Tatverdächtigen, alle aus den ehemaligen Oststaaten bzw. dem Balkan stammend, verhaftet werden. Eine richtige Einbrecherbande. Ich hatte damals zur Unterstützung der zuständigen Kollegen der Einbruchsgruppe bei den Vernehmungen mitzuwirken. Einer der Verdächtigen dieser Bande wurde in seinen Kreisen »Hodscha« genannt. Ich nahm an, dass es sich bei ihm vielleicht um eine eher gebildete und charakterlich zugängliche Person handeln würde. Ich vereinbarte mit dem Chef der Diebstahlsgruppe, diesen Tatverdächtigen zu vernehmen. Der leugnete jedoch beharrlich und ließ weder eine persönliche noch eine sich auf Verdachtsmomente beziehende Ansprache zu. Er konnte damals nicht beweiskräftig überführt werden. Später konnte ihm allerdings, nach neuerlichen einschlägigen Straftaten, die Beteiligung an den zuvor bestrittenen bandenmäßigen Tresordiebstählen nachgewiesen werden.

FK Wenn du das mit Krimis – insbesondere verfilmten – vergleichst: Zu welchem Ergebnis kommst du da? Verhalten sich die Tatortkommissare mehr wie du oder eher wie die harten Hunde unter den Kriminalisten?

HP Das ist ein eigenes Kapitel. Ich selbst schau mir schon lange keine Fernsehkrimis der laufenden Serien mehr an. Höchstens bruchstückhaft, weil meine Frau mit Vorliebe solche Filme ansieht. Inzwischen hat jede Region in Europa eine eigene Soko und die Filmgeschichten nehmen immer skurrilere Ausformungen an. Da passiert meiner Meinung nach fast so etwas wie ein Wettlauf in der Krimifilmbranche, wodurch sich die filmische Darstellung immer mehr von der Realität entfernt. Zum Teil sind es auch Trends, die da in den Krimis verarbeitet werden. Wenn ich z. B. an die alten Schimanski-Krimis denke: Das rabaukenhafte Vorgehen des Kommissars Schimanski war in der Realität wohl nicht akzeptabel, weder damals noch heute. Hingegen sind viele der heutigen Filme mit Satire überfrachtet, was mit der Realität auch nichts zu tun hat.

Aber zurück zu deiner Frage: Es gibt schon Kriminalfilme, in denen das psychologische Moment relativ realitätsnah dargestellt wird. Diese sind aber meiner Meinung nach nicht die Norm und auch nicht besonders spektakulär. Die meisten der heutigen Verfilmungen sind Psychothriller, die schon von vornherein ziemlich realitätsfern sind. Nach meinem persönlichen Empfinden, das natürlich berufsgeprägt ist, stehen bei all diesen Serienfilmen filmspezifische Aspekte, Spannungsaufbau, die speziellen Persönlichkeiten des Täters bzw. der KommissarInnen und andere Momente im Vordergrund, wodurch die Darstellung der realen kriminalistischen Arbeit einfach zu kurz kommt. Mir ist schon bewusst, dass das so gewollt ist, die Filmemacher wollen ja Zuschauerzahlen und Profit generieren.

FK Bei aller offensichtlichen Kritik – schätzt du irgendwelche Krimis oder Serien?

HP Mir hat die Filmserie mit Peter Falk als Kommissar Columbo immer gut gefallen. In diesen Filmen werden die Wahrnehmungen, Überlegungen und Schlussfolgerungen des Kommissars vermittelt, ganz ohne Schießereien und überzogene Verfolgungs- und Kampfszenarien.

FK In Krimiverfilmungen wird auch heute noch gerne auf die alte psychologische Verhörtaktik »Guter Bulle, böser Bulle« zurückgegriffen, wonach also der »Gute« versucht, die Sympathie des Vernommenen zu gewinnen, während der andere ihn durch Beleidigungen, Vorwürfe und gezielte Desinformation kleinzukriegen versucht. Ein bewusstes Wechselspiel von Empathie und Einschüchterung also, das in den USA richtiggehend zum Klischee geworden ist. Ich nehme einmal an, dass ihr das bei euren Einvernahmen nicht so betrieben habt.

HP Nein, das haben wir tatsächlich nicht gemacht, jedenfalls wurde das Rollenspiel »Good cop, bad cop« nie geplant oder gezielt von uns eingesetzt. Es hat schon Situationen gegeben, wo ich bald feststellen musste, dass der Vernommene mich nicht annehmen, nicht akzeptieren wollte oder konnte; dass einfach die Chemie nicht stimmte und dadurch keine Gesprächsgrundlage entstand. Ich denke insbesondere an die Vernehmung eines jüngeren Mannes in Dornbirn, bei der mich ein Kollege der Polizeiinspektion Dornbirn unterstützte und das Protokoll am Computer schrieb. Bei den Antworten auf meine Fragen hat sich der Vernommene immer an meinen Kollegen gewandt und mich links liegen lassen. Da habe ich mich ausgeklinkt und die weitere Vernehmung eben dem Dornbirner Kollegen überlassen, die sich dann unkompliziert gestaltete.

Ähnlich verlief es beim sogenannten Ried-Täter, der im April 2007 im Schweizer Ried in Lustenau eine Joggerin mit einer Axt

Befreit von einem Fluch

KLAUS HÄMMERLE

klaus.hämmerle@vn.vol.at
☎ 05572/501-634

Ich habe beim Joggen den Ried-Täter kurz vor seiner Tat gesehen. Vielleicht eine Sekunde lang. Andere Zeugen nahmen ihn nur von großer Distanz wahr. Das Opfer selbst war während der Tat dermaßen in Panik, dass auch es kaum exakte Angaben machen konnte.

Dazu kamen Schwierigkeiten bei der Erstellung des zeitlichen Tat-Diagramms, bei der exakten Rekonstruktion des Fluchtwegs. Kurzum: Die ermittelnden Beamten konnten nur aus einer sehr dünnen Suppe schöpfen, die Zeit war für sie ein Gegner mehr.

Es ist einfach nur großartig, wie sie letztlich in Zusammenarbeit mit ihren Kollegen aus den örtlichen Polizeiinspektionen den Fall lösen konnten.

Hans Poiger, Bernd Marent und Kollegen haben dabei nicht nur einen Kriminalfall gelöst. Sie haben das Schweizer Ried von einem Fluch befreit. Kaum mehr eine Frau traute sich nach der Tat mehr alleine ins wunderschöne Natur-Idyll.

Und auch wenn sich das nicht sofort ändert: Es ist absehbar, dass im Ried irgendwann wieder Normalität einkehrt.

Axt-Tä
eine „t

■ Mario M. gestand Tat „erleichtert" – Zurechnungsfähigkeit wird untersucht.

KLAUS HÄMMERLE
klaus.haemmerle@vn.vol.at, ☎ 72/501-634

Bregenz (VN) Diese Erfolg meldung hat ganz Vorarlbe herbeigesehnt, gestern wur sie im Landespolizeikomma do verkündet: Der Riedtät der am 15. April eine 34-jä rige Joggerin überfiel u brutal attackierte, ist gefas und hat gestanden. Es ist d 47-jährige Fußacher Hilfs beiter Mario M.

Am vergangenen Freitag u exakt 9.15 Uhr klickten auf d Polizeiinspektion Höchst d Handschellen. Dorthin ha sich der Verbrecher aus eig nen Stücken begeben. Freili nicht, um die Tat zu gestehe sondern um den Schlüssel seiner Fußacher Wohnung zuholen.

„VN" als Indiz

Dies deshalb, weil ein Bekannten die Abwesenhe des Mannes am 4. und 5. Ju aufgefallen war, der Verdac eines Suizids bestand und d Wohnung aus diesem Gru von Beamten der Poliz Höchst zusammen mit ein Schlüsseldienstfirma aufg sperrt wurde. Auch an sein Arbeitsplatz in Dornbirn w der sonst zuverlässige Hilfs beiter an diesen beiden Tag nicht erschienen. In der Wo nung von Mario M. fanden d Polizisten zwei aufgeschla ne „VN"-Exemplare mit de veröffentlichten Phantombi auf der Couch.

Weil Mario M. ohnehin den Verdächtigen gehör wurden vom Gericht Hau durchsuchungs- und Haftb

er vom Ried war
:kende Zeitbombe"

s Poiger und Bernd Marent (r.) klärten den Fall zusammen mit n Polizeikollegen auf.

(Foto: VN/Zellhofer)

ausgestellt. Für die „VN" ldert Kripo-Beamter nd Marent den dramati- en Schlussakt der Fahn- g, die nach wochenlanger, ibischer Kleinarbeit letzt- im vollen Geständnis des ährigen gipfelte.

hrere Hinweise

Nach Veröffentlichung des ntombildes am 2. Juni gin- zirka 80 Hinweise über 50 sonen bei uns ein. Letzt- grenzte sich der Kreis der dächtigen auf zehn ein. waren gerade im Begriff, Mann zu überprüfen, als am vergangenen Dienstag Höchst die Meldung über Verschwinden erreichte. hdem wir den Hausdurch- nungsbefehl erhielten, fan- wir in dessen Wohnung en den aufgeschlagenen J"-Exemplaren mit dem ntombild noch andere weise." Es sei der Moment esen, so Marent, „in dem Kribbeln einsetzte. Ich

wusste, wir sind jetzt auf dem richtigen Weg."

Der Zufall wollte es, dass Marent am Freitag früh wie- der Richtung Höchst unter-

wegs war, um den Mann zu suchen. „Auf dem Weg nach Höchst riefen uns die Kollegen der örtlichen Dienststelle an. Der Mann war um 9.15 Uhr ge- kommen und wurde sofort ver- haftet." Marent beschreibt die Begegnung mit jener Person, die er und seine Kollegen zwei Monate lang wie die berühmte Nadel im Heuhaufen gesucht hatten. „Er wirkte völlig ru- hig, fast erleichtert. Ich kam schnell mit ihm ins Gespräch, fragte ihn, was er glaube, wa- rum wir ihn verhaftet hätten. Er war sofort kooperativ, um zehn Uhr schon gestand er die Tat."

Während der zwei Tage Ab- wesenheit von Wohnung und Arbeitsplatz irrte der Täter ziellos im Freien herum. „Er war eine tickende Zeitbombe, die jederzeit wieder hätte ex- plodieren können", sind sich alle mit dem Fall beschäftig- ten Beamten sicher und dem- entsprechend über die Verhaf- tung erleichtert.

Zurechnungsfähig?

Ist der 47-jährige Mario M. zurechnungsfähig? Wie sind seine Zukunftsprognosen? Diese Fragen stehen bald bei Gericht zur Beantwortung an, dem sich der Ried-Atten- täter wird stellen müssen. Wie die „VN" in Erfahrung brachte, wurde Dr. Reinhard Haller zum psychiatrischen Sachverständigen ernannt. Aus diesem Grund konnte der Gerichtspsychiater über den Täter keine öffentliche Stellungnahme abgeben. Nur über den allgemeinen Ablauf bei der Erstellung eines Gutachtens gab Dr. Haller Auskunft. „Ich werde mit ihm drei, vier längere

Sitzungen haben. Diese und die durchgeführten Tests müssen dann genau ausge- wertet werden."

Riesige Erleichterung kennzeichnete die erste Reaktion des Opfers nach dem Geständnis ihres Pei- nigers. „Es macht mir eini- ges leichter. Einige Fragen wurden für mich beantwor- tet. Ich kann den Beamten nur von ganzem Herzen danken, dass sie den Fall so schnell aufgeklärt haben." Sie denkt nun sogar wieder ans Joggen. „Aber ich wer- de mir eine neue Strecke su- chen. Dorthin will ich nicht mehr."

niedergeschlagen hatte – eine tickende Zeitbombe. Die Tat verursachte großes Aufsehen und Beunruhigung in der Bevölkerung. Nachdem der Tatverdächtige nach intensiven Erhebungen auf der PI Höchst festgenommen worden war, fuhren zwei Kollegen nach Höchst, um ihn abzuholen und zu uns ins LKA zu bringen. Ich bereitete mich inzwischen auf eine heikle Vernehmung vor. Als schließlich der Tatverdächtige und mein jüngerer Kollege Bernd M. an dessen Schreibtisch vor dem PC saßen und ich die Vernehmung beginnen wollte, fiel mir sofort auf, dass seitens des Tatverdächtigen bereits eine gewisse Akzeptanz gegenüber meinem jüngeren Kollegen bestand. Ich habe deshalb die Vernehmung weitestgehend meinem jüngeren Kollegen überlassen und mich nur mit ein paar wichtigen Fragen beteiligt.

Übrigens hatten wir in diesem Fall die Hilfe von Profilern vom Bundeskriminalamt Wien in Anspruch genommen.

Das Rollenspiel »Good cop, bad cop« hat sich mitunter in etwas abgeänderter Form bei mehrstündigen Vernehmungen aus der Situation heraus ergeben, wenn etwa von zwei vernehmenden Beamten einer die Vernehmung verließ, um die Toilette aufzusuchen oder Kaffee zu holen, und dann der Vernommene vielleicht gesprächiger war.

Grundsätzlich kann es natürlich nicht sein, dass sich ein Straftäter die handelnden Beamten aussucht. Gesetzlich sind da keine Regelungen vorgesehen, mit Ausnahme bei Vernehmungen von weiblichen Personen, die von weiblichen Organen durchgeführt werden sollen.

FK Ich habe gelesen, dass laut deutscher Strafprozessordnung diese Taktik eigentlich verboten ist, weil es dort im § 136a heißt: *Die Freiheit der Willensentschließung und Selbstbestimmung des Beschuldigten darf nicht durch Misshandlung, Ermüdung, körperlichen Eingriff, Verabreichung von medikamentösen Mitteln, Quälerei, Täuschung oder Hypnose beeinträchtigt werden.* Gilt dasselbe auch in Österreich?

HP Das gilt natürlich ebenso bei uns. In der Österreichischen Strafprozessordnung heißt es zum Thema Vernehmung von Beschuldigten im § 164: *Es dürfen weder Versprechungen oder Vorspiegelungen noch Drohungen oder Zwangsmittel angewendet werden, um den Beschuldigten zu einem Geständnis oder zu anderen Angaben zu bewegen. Die Freiheit seiner Willensentschließung und seiner Willensbetätigung sowie sein Erinnerungsvermögen und seine Einsichtsfähigkeit dürfen durch keinerlei Maßnahmen oder gar Eingriffe in seine körperliche Integrität beeinträchtigt werden.* Mit dieser Formulierung werden die in der deutschen Strafprozessordnung ausdrücklich angeführten verbotenen Vorgangsweisen ebenfalls umfasst, aber auch weitere, nicht ausdrücklich genannte Möglichkeiten der Einflussnahme.

FK An welche denkst du da?

HP Ich habe da keine ganz bestimmten Methoden im Auge. Aber findigen Köpfen könnten Dinge einfallen, die eben nicht ausdrücklich angeführt sind und wo dann argumentiert werden könnte, diese Vorgangsweise sei nicht ausdrücklich als verboten deklariert. Ganz fiktiv: Ich könnte ein Schlaginstrument oder Ähnliches gut sichtbar auf dem Tisch liegen lassen und so den Eindruck erwecken, dass es zur Anwendung kommt. Oder eine furchterregende Raumdekoration zum Beispiel. Eine empfindliche oder auch gewiefte Person könnte daraus den Vorwurf ableiten, dadurch eingeschüchtert worden zu sein. Die Gegenargumentation dazu wäre, dass so etwas im Gesetz nicht explizit angeführt und deshalb nicht verboten ist. In der Praxis wirken die Vernehmungsräume aber eher steril, weil auch Sicherheitsaspekte zu berücksichtigen sind. So gibt es keine erreichbaren Wurfgegenstände im Raum, wie etwa früher die Aschenbecher. Und natürlich sollen so auch Fluchtmöglichkeiten minimiert werden.

FK Verfolgst du eigentlich noch Ermittlungen zu aktuellen Mordfällen in den Medien, und wenn ja, wie geht es dir dabei? Sprichst du auch mal mit aktiven Kollegen darüber?

HP Ja, das tue ich, je nach Tatgeschehen. Reine Beziehungs-
geschichten verfolge ich selten, kriminalistisch herausfordernde
Geschehen sehr wohl. Ich stelle mir dann vor, wie die aktiven Kollegen arbeiten und was alles zu tun ist, und stelle Vergleiche mit ähnlich gelagerten Fällen in der Vergangenheit an. Ich denke mir dabei
mit fast ein wenig Neid, dass die heutigen Ermittler in manchen
Fällen wahrscheinlich mehr Ermittlungsansätze haben, Stichwort
Elektronik und Digitalisierung. Leider bin ich nur auf die mediale
Berichterstattung angewiesen. Wenn sich die Gelegenheit ergibt,
mit einem informierten Kollegen zu sprechen, was immer seltener der Fall ist, bin ich schon neugierig. Dass in den letzten Jahren
völlig neue Ermittlungsstrategien entstanden wären, habe ich
nicht bemerkt. Es lässt sich ermittlerisch immer nur so weit vorgehen, wie dies die Gesetze und personellen Ressourcen zulassen.

Stress, Tabus, Leidenschaft

FK Siehst du jetzt, mit dem Abstand zum Job, auch kritische
Aspekte deiner Arbeit? Gab es auch Tabus, an denen man besser
nicht rührte?
HP (nach längerem Zögern) Da muss ich jetzt überlegen. Es ist
natürlich tabu, die Amtsverschwiegenheit in Frage zu stellen
bzw. nicht einzuhalten. Man erfährt viele persönliche und intime
Dinge, die gewahrt bleiben müssen. Nicht Wasser predigen und
Wein trinken, also selber nicht das tun, wofür man andere poli-
zeilich belangt. Und da meine ich nicht nur den Bereich Mord
und Totschlag, sondern einfach ein gesetzes- und berufskonfor-
mes untadeliges Verhalten. Das spielt dann automatisch auch ins
Privatleben hinein.

Ein heikler Bereich ist in diesem Zusammenhang die Distanz
zur Gegenseite. Wie wir schon besprochen haben, gab es in den

7oer- und 8oer-Jahren in Vorarlberg eine ausgeprägte Dirnen- und Zuhälterkriminalität. Morde, Mordversuche, gefährliche Drohungen und schwere Nötigungen bis zum Sprengstoffanschlag und andere schwere Straftaten waren fast an der Tagesordnung. Wenn man da zu verschiedenen Zuhältern oder Prostituierten einen guten Draht hatte, also persönlich als Ermittler und Mensch akzeptiert wurde, konnte man von denen sehr wertvolle Informationen bekommen. Schließlich hatten die ja auch Interesse daran, dass ihre Konkurrenz verfolgt wurde. Solche Kontakte durften natürlich nicht zu tief gehen. Da gab es durchaus Avancen von Prostituierten oder Anerkennung von Zuhältern. Mir selbst ist es passiert, dass mir in den eigenen Reihen unterstellt wurde, ich hätte zu enge Kontakte zu gewissen Zuhältern oder Dirnen. Einmal bin ich, so vermute ich jedenfalls, von eigenen Kollegen observiert worden, als ich zu einem Kontaktgespräch mit einem Zuhälter fuhr. Das ist mir gegenüber zwar niemals bestätigt, aber auch nie dementiert worden. Es kam auch vor, dass Dirnen und Zuhälter absichtlich falsche Behauptungen in die Welt setzten und lancierten, Polizisten hätten intime Kontakte mit dieser oder jener Dirne gehabt. Damit wollten sie natürlich unsere Ermittlungsarbeit unglaubwürdig machen. Ein bekannter Vorarlberger Zuhälter hat in seinen Kreisen offensichtlich damit geprahlt, dass er gute Kontakte zu mir habe, und er hat mich sogar als ehemaligen Schulkollegen bezeichnet. Das wiederum hat sein größter Konkurrent als Angeklagter in einer Gerichtsverhandlung in Feldkirch auch angegeben. Was aber einfach zu entkräften war, denn der Zuhälter, der das in Umlauf brachte, war sieben Jahre älter als ich. Mit dem bin ich sicher nie in die Schule gegangen.

FK Würdest du deinen ehemaligen Beruf als besonders stressig bezeichnen?

HP Ich denke, man kann jeden Beruf stressig oder entspannt angehen. Das hat viel mit der persönlichen Einstellung zu tun. Wenn eine wichtige Sache zu ermitteln ist, muss man, um erfolgreich zu sein, nach meiner Auffassung sofort daran arbeiten bzw.

Zuhälter Franz Hartmann weist jede Beschuldigung zurück

„Wieso soll ich den Hans umbringen lassen?"

Von Alfons J. Kopf

Feldkirch. — Unterstellungen und „linke Touren" sind für den Feldkircher Zuhälter Franz Hartmann Ursache dafür, daß er sich wegen Anstiftung zum versuchten Mord vor Gericht verantworten muß. Gestern wies er vor dem Geschworenengericht Feldkirch jede Verantwortung für den Mordanschlag von

„Wieso soll ich den Hans umbringen lassen? Wir waren doch bis 1980 die besten Freunde, haben immer miteinander geredet!" Franz Hartmann, derzeit inhaftierter Zuhälterchef im Raum Feldkirch, zeigte sich gestern nach der Verlesung der 37 Seiten starken Anklageschrift entrüstet. Er könne gar nicht glauben, daß ihn der Hans tatsächlich ernstlich be-

sich, der in der Nacht auf den 24. August 1982 in Feldkirch auf Bordellbetreiber Hans Larcher verübt worden war. Einer der beiden Killer, die damals auf Larcher gelauert hatten, kam ums Leben, Larchers Leibwächter erlitt schwere Verletzungen. Die Verhandlung (Vorsitz Dr. Schnegg, Beisitzer Dr. Hinteregger und Dr. Künz) wurde gestern auf unbestimmte Zeit vertagt.

abgehört, geheime Treffen fotografiert. Erst als diese Beweise vorlagen, bequemte sich nämlich Franz Hartmann zum Geständnis, tatsächlich Kontakt zu Josef Kristan, dem Bruder des beim Anschlag auf Larcher ums Leben gekommenen Karl Kristan, gehabt zu haben. Zuvor hatte er den Gendarmen standfest erklärt, von den Kristans noch nie etwas ge-

Jahren in Bregenz ermordeten Prostituierten Gertrude Eisenbauer, angeblich auch für einen Anschlag auf Larcher anheuern und habe eine geheime Botschaft an Kristan übergeben.

Aus Haß geschwiegen

Um Geschäfte mit gefälschten teu-

ßend zu fragen, ob er nach dieser Vorstellung immer noch die Geschichte von den zwei guten Freunden aufrechterhalten wolle.

Hans Larcher hatte zuerst betont, daß für die drei fehlgeschlagenen Mordanschläge auf ihn nur Franz Hartmann in Frage komme. Es gebe zwar keinen Beweis für seine An-

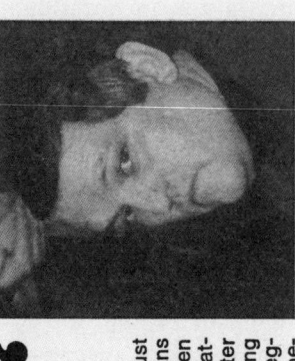

Franz Hartmann: „I glaub nicht, daß mi der Hans beschuldigt."

haben. „Den Hans kenn' ich doch von der Zeit, wo i die erste Strof gmacht hab!" kramte Hartmann in Erinnerungen. Man habe einander nie bedroht. Dritte Personen würden da Intrigen schmieden, ihm eine Linke drehen wollen.

Zudem habe er nie irgendjemand für solche Aufträge angeheuert. „Das habe ich immer selbst erledigt, wenn mir etwas nicht gepaßt hat. Drum hab' ich ja so viele Vorstrafen!"

Die Anklage warf dem Angeklagten zuvor detailliert vor, mit den Killern in Kontakt getreten zu sein und Geld für den Anschlag bezahlt zu haben. Teilweise klang das wie im Fernsehkrimi. Da wurden Telefongespräche

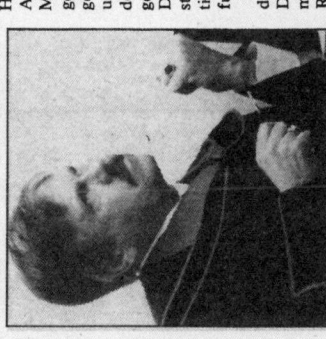

Dr. Winkler: „Seid ihr noch immer gute Freunde?"

zu einer ganzen Reihe von Beweisen. So baute Hartmann gemeinsam mit Milieupersonen und Josef Kristan im Jahr vor dem Anschlag einen Ausflug nach Graz unternommen. Als das Telefon angezapft wurde, konnten zahlreiche Gespräche mitgeschnitten werden, die Kristan mit Hartmann bzw. dessen Lebensgefährtin führte. Dabei ging es um Larcher, in dessen Wagen, um ein Treffen in Deutschland, um Übergabe und ähnliches.

Geheimer Treff

Am 9. Oktober 1982, also 45 Tage nach dem Überfall auf Larcher, fuhr Hartmann von Feldkirch aus zur Autobahnraststätte Vaterstetten bei München. Zuvor hatte seine Lebensgefährtin 100.000 S von der Bank abgehoben. Hartmann traf Josef Kristan und übergab ihm, beobachtet von der deutschen Polizei, die Tips aus Bregenz bekommen hatte, ein Kuvert. Darin sollen sich, so Hartmann gestern, Zeitungsausschnitte und relativ wertlose Synthetik-Brillanten befunden haben.

Ein Mithäftling erklärte zudem vor der Gendarmerie, daß ihm Hartmann Details von dem geplanten Anschlag mitgeteilt habe. 250.000 Schilling, in Raten zu 150.000 und 100.000 S, habe er dafür bezahlt. Hartmann wollte den Mithäftling, den Witwer der vor

Kristan gegangen, beteuerte Franz Hartmann gestern vor Gericht. Und er habe über diese Kontakte nur deshalb nichts gesagt, weil er einen Mordshaß auf die ganze Bande habe, die ihn legen wollte. Der zuständige Kriminalbeamte Hans Poiger stecke mit Larcher unter einer Decke, lasse dem alles durchgehen. Er selbst sei fleißig und sparsam gewesen, habe sich mit seinen Häusern in Feldkirch (Dirnenabsteigen) ein Geschäft aufgebaut.

Bezirksinspektor Poiger und andere Kriminalbeamte wiesen die Anschuldigungen des Zuhälters weit von sich. Poiger betonte, daß das „puren Unsinn" sei. Er sei keineswegs, wie behauptet, Schulfreund des sieben Jahre älteren Hans Larcher, habe diesen auch öfters wegen verschiedener Delikte angezeigt. Zudem stellte sich heraus, daß Hartmann nicht nur vor Poiger, sondern auch vor anderen Beamten und dem Untersuchungsrichter gelogen hatte, wenn es um die Brüder Kristan ging.

Larcher kontra Hartmann

Ein Höhepunkt der gestrigen Verhandlung im stickigen Saal 56 war das direkte Aufeinandertreffen der beiden Freunde oder Todfeinde, je nach Version. Die beiden gingen derart aneinander hoch, daß es sich Staatsanwalt Dr. Hermann Winkler nicht verkneifen konnte, Hartmann anschlie-

angesprochen, die ihn erreicht haben, meinte Larcher: „Wenn ener an umbringa will, ruft er doch nicht vorher a!" Einen Leibwächter habe er angestellt, betonte Larcher, der als Beruf Kaufmann angegeben hatte, nachdem er durch eine Autobombe und Revolverschüsse zweimal bedroht worden sei. Hartmanns Lebensgefährtin Burgi Schatzmann wußte von gar nichts, mußte es sich aber gefallen lassen, daß Staatsanwalt Dr. Winkler mit ihr Katz und Maus spielte wegen der Telefongespräche, die sie mit Kristan geführt hatte und die beim nächsten Verhandlungstag vorgespielt werden sollen.

Der Innsbrucker Dr. Albert Heiss hatte gleich zu Beginn zuerst die Geschworenen und dann den Senat als befangen abgelehnt, kam aber damit nicht durch. Er griff die Kriminalbeamten wegen verschiedener Formulierungen in der Anzeige massiv an und stellte gegen Ende des Verhandlungstages zahlreiche Anträge. Für den Staatsanwalt waren zwar die beweisthemen weitgehend „an den Haaren herbeigezogen", das Gericht entschied aber doch, daß sie geprüft werden müssen. Deshalb wurde vertagt, die nächste Verhandlungsrunde wird in einigen Monaten stattfinden. Derweil sitzt Franz Hartmann weiter eine Strafe ab, die wegen eines anderen Deliktes über ihn verhängt worden ist.

dranbleiben. Manche Kollegen können sich vielleicht leichter innerlich freimachen – zum Beispiel sagen, das kann bis morgen warten. Ich würde in diesem Zusammenhang gerne den Begriff Leidenschaft ins Spiel bringen. Diese berufliche Leidenschaft kostet natürlich auch jede Menge private Zeit. Kein so seltener Fall: Ich bekomme als Gruppenleiter während eines Familienausflugs, einer Veranstaltung oder privaten Feier telefonisch einen schweren Vorfall oder eine Straftat mitgeteilt. Ich springe auf und mach mich auf die Socken ins Büro oder an einen Tatort – oft sehr zum Missfallen meiner Frau. Das hat sicher dabei mitgespielt, dass meine erste Ehe in Brüche ging.

FK Auf jeden Fall passt dieser Stress nicht gerade zum Vorurteil vom faulen Beamten.

HP Na, hoffentlich nicht! Ein anderes Beispiel: Wenn ein Verdächtiger, der in Untersuchungshaft sitzt, dir plötzlich einen »Zund«, einen Hinweis in einem Straffall, geben und mit dir reden möchte, kannst du das Gespräch mit ihm nicht eine Woche verschieben.

FK Ein weiterer Stressfaktor, zugegeben. Aber was hat das mit den von mir ursprünglich hinterfragten Tabus bei der Polizei zu tun?

HP Na ja, das kommt mir halt einfach in den Sinn, wenn ich an Situationen denke, wo man spontan handeln musste. Dennoch geben das Sicherheitspolizeigesetz und für den strafrechtlichen Bereich die Strafprozessordnung immer den klaren Rahmen für die Polizeiarbeit vor.

FK Keine noch so genaue Strafprozessordnung wird verhindern können, dass sich in der polizeilichen Praxis Grauzonen bilden, und mit ihnen Tabubereiche.

HP Ich kann beim besten Willen keine Grauzonen oder Tabubereiche bei unserer Arbeit ausmachen. Jedenfalls nicht nach meinen Erfahrungen in Bregenz. Wenn du womöglich an Alkoholmissbrauch denkst, dann verhält sich das bei der Exekutive vermutlich ähnlich wie in allen anderen Berufssparten auch. Vereinzelt kam es vor, dass bei einem Kollegen ein gesteigerter Alkoholgenuss auffiel. Das wurde eine Zeit lang kritisch beobachtet, bis, wenn gutes Zureden nichts half, von vorgesetzter Seite Konsequenzen gezogen wurden.

Heutzutage, im Zeitalter von #MeToo, könnte man auch das Verhältnis zu und den Umgang mit weiblichen Kolleginnen ansprechen, zumal die Gendarmerie bis 1984 ausschließlich ein Männerverein war. Aber auch da ist für mich kein Tabubereich zu erkennen. Es war anfangs vielleicht etwas ungewöhnlich, mit weiblichen Kolleginnen zusammenzuarbeiten, aber für mich war das eher erfrischend, und im Laufe der Zeit habe ich manch weibliche Ansicht schätzen gelernt. Lustig war zu beobachten, wie es vereinzelt Kollegen gab, die plötzlich sauber gekleidet bis geschniegelt daherkamen, da nehme ich mich gar nicht aus. Andererseits gab es auch sehr argwöhnische, skeptische Kollegen gegenüber den neuen Mitarbeiterinnen. Das sind aber alles Dinge, die den Berufsstand insgesamt betreffen und nicht nur den Kriminaldienst.

FK Abseits von Grau- und Tabuzonen: Was würde denn die Ermittlungsarbeit deiner Erfahrung nach maßgeblich erleichtern oder beschleunigen?

HP Natürlich würden wir schneller zu Informationen kommen, wäre das Telefonabhören leichter möglich. Dem steht allerdings ein hohes Rechtsgut entgegen: der Schutz der Privatsphäre. In der Zuhälterzeit der Siebzigerjahre, wo viel geschossen und gemordet wurde, hätte uns zum Beispiel das Abhören sehr geholfen. Aber durch die STPO waren und sind einem klare Grenzen gesetzt: Um ein Telefon anzapfen oder jemanden observieren zu dürfen, muss man schon einen qualifizierten Verdacht haben. Für uns war eine Person vielleicht »brandheiß«, doch für den Staatsanwalt reichte es trotzdem nicht für eine Überwachung.

FK Und das ärgert den Kriminaler natürlich?

HP Nein – das muss er zur Kenntnis nehmen. Was einen wirklich ärgert, ist, wenn man zum Narren gehalten wird. Da gab es einen konkreten Fall in der Helvetia[4] in Lustenau: Sieben, acht Zuhälter saßen an einem Tisch und haben aufeinander geschossen. Und der Hauptzeuge am Tisch erzählt uns später allen Ernstes, in dem Moment habe er gerade woandershin geschaut! (lacht) Na ja, es nervt halt, wenn man so offensichtlich blöde Rechtfertigungen erhält. Von Zeugen, die ganz sicher den Tatablauf beobachtet haben, wodurch eine Klärung des Sachverhaltes möglich wäre, die das aber nicht tun, um entweder den Beschuldigten zu schützen, sich aus allem herauszuhalten oder einfach die Polizeiarbeit nicht zu unterstützen.

FK Höre ich da den Wunsch nach weniger gesetzlichen Hürden heraus?

HP Den rechtlichen Rahmen stelle ich nicht infrage. Aber gewünscht hätte man sich schon, dass einem die Arbeit leichter gemacht wird.

FK Liegt es nicht geradezu in der Natur der Ermittlungsarbeit, nicht alles preiszugeben, manches nicht nach außen dringen zu

---

4   DETAILS AUS DEN PERSÖNLICHEN AUFZEICHNUNGEN POIGERS:

Am 19.5.1983 nachmittags trafen sich insgesamt sieben mit Pistolen und Revolvern bewaffnete Zuhälter im Gasthaus »Helvetia« in Lustenau, um über Milieuprobleme zu verhandeln. Im Zuge dieser »Besprechung« gab Josef Salzger nach gegenseitigen Provokationen und Drohungen mit einem Revolver aus einem bis eineinhalb Meter Entfernung zwei Schüsse auf Johann Blümel ab und traf diesen tödlich. Daraufhin gab der Bruder des Getöteten, Peter Blümel, drei Schüsse aus einer Pistole auf Josef Salzger ab, wovon ein Schuß in Salzgers Brust traf. Salzger feuerte nun auch auf Peter Blümel und traf ihn ebenfalls in die Brust. Josef Salzger und Peter Blümel wurden schwer verletzt in das KH Feldkirch eingeliefert, wo Peter Blümel am 5.7.1983 verstarb. Josef Salzger kam mit dem Leben davon; es wurde ihm Notwehr zuerkannt.

lassen, schon deshalb, um den Ermittlungserfolg nicht zu gefährden? Ich meine das ewige Spannungsfeld zwischen dem polizeilichen Wunsch nach weniger gesetzlichen Hürden einerseits, um effizienter arbeiten zu können, und dem Schutz der persönlichen Privatsphäre des Einzelnen, insbesondere auch eines verdächtigen Individuums, andererseits. Gibt es da gar keine strukturellen Mankos nach deiner Wahrnehmung?

HP Ganz klar sollen und dürfen Ermittlungsergebnisse, die schließlich auch Beweismittel sind, nicht preisgegeben werden. Ich vergleiche das immer mit einem Kartenspiel. Wenn ich mir in die Karten schauen lasse, werde ich das Spiel verlieren. Dieses Problem stellte sich auch im Umgang mit den Medien. Ich glaube, dass die Interessen und Rechte von tatverdächtigen Personen, heute Beschuldigte genannt, durch die letzte Strafprozessreform ganz gut gesichert sind. Es ist ja gelegentlich in der Bevölkerung die Meinung zu hören, dass die Verbrecher mehr Rechte haben als die Opfer. Da fällt mir in diesem Zusammenhang die aktuelle Debatte um die Überwachung von WhatsApp und Messengerdiensten ein. Die Gesellschaft hat und verdient einen hohen Sicherheitsanspruch. Dann müssen aber auch die materiellen und gesetzlichen Mittel dazu zur Verfügung gestellt werden! Strukturelle Mankos sehe ich diesbezüglich keine. Mir ist schon auch bewusst, dass die Polizeibefugnisse nicht überbordend sein dürfen. Einen Polizeistaat will niemand.

FK Und wie ist es um den Schutz der persönlichen Integrität der Ermittler selbst bestellt?

HP Für die Ermittler besteht manchmal das Problem, dass sie und ihre Arbeit von gewissen Strafverteidigern mitunter auf miese, untergriffige Art und Weise infrage gestellt werden, um dadurch ein Beweisergebnis zu erschüttern.

FK Bist du nie zusammengekracht mit Vorgesetzten, weil ihr unterschiedliche Vorstellungen hattet? Wurdest du je behindert in deiner Arbeit?

HP Nein, nie. Meine Vorgesetzten Tschofen, Fitz, Bliem, Geiger und ihre Vorgänger haben mich bei Ermittlungen immer uneingeschränkt arbeiten lassen und unterstützt. Eher im Gegenteil: Manches wäre vielleicht von den Chefitäten einzubremsen gewesen. Ein sehr fantasievoller Kollege etwa, der einen lokalen Fall zu einem geradezu internationalen Verbrechenskonstrukt aufbauschte und deswegen ständig um Auslandsreisen ansuchte, die ihm auch bewilligt wurden. Auf diese Weise kam er sogar bis nach Moskau und dort auch in verdammt gefährliche Situationen. Am Ende verpuffte alles im Nichts und kostete den Staat nur einen Haufen Geld. Aber dass ich jemals bei der Ermittlungsarbeit in eine ungewollte Richtung gedrängt worden wäre ... Nein, das hat es nie gegeben.

FK Dann unterscheidet sich hier die Realität doch sehr stark von jenen TV-Krimis, wo ständig darüber geklagt wird, wie einem Chefinspektor oder Kommissar die Vorgesetzten – die ihrerseits unter politischem Druck stehen – Stress machen und sie gleichzeitig bei der Arbeit sabotieren?

HP Nun, eines muss ich schon sagen: Wir reden hier natürlich nur von Vorarlberg bzw. Bregenz, von einer der kleineren Kriminaldienststellen in Österreich. In Wien und anderen großen Polizeidienststellen mag es das geben. Da sind schon Fälle von versuchter politischer Einflussnahme bekannt geworden.

FK Nichts davon im »subera Ländle« ...

HP (lacht) Ich kann nur wiederholen und betonen, dass ich jedenfalls nie Anzeichen einer politischen Einflussnahme erlebt habe. Und hätte es solche gegeben, hätten wir uns davon sicher nicht beeinflussen lassen. Mich haben eher andere Dinge – innerbetrieblicher Art – gestört. Wie in jeder anderen Berufssparte auch gab es Kollegen, von denen man sich mehr an Initiativen erwartete. Manchmal gilt halt: Wer am lautesten schreit, wird am ehesten gehört. Dafür ist das Beamtentum ja anfällig. Da habe ich mir dann schon gedacht: Wenn doch der Chef den einen oder anderen in die Sockenkammer zum »Sockabigna« (Sockenstapeln) schicken würde! Was bei Beamten auch nicht so leicht ist ...

FK Und es gab auch nie den Versuch, Unangenehmes hintanzuhalten, nicht in die Medien kommen zu lassen?

HP Nicht, was unsere Ermittlungsarbeit betrifft. Ich kann mir aber schon vorstellen, dass bei manchen Sachverhalten – sagen wir einmal bei einem autoerotischen Unfall mit Todesfolge, also bei einem peinlichen, schambesetzten Hintergrund – speziell die Angehörigen und das nähere Umfeld des Opfers darauf bedacht sind, dass so wenig wie möglich an die Öffentlichkeit gelangt. Eine Einflussnahme würde ich das dennoch nicht nennen, höchstens bezüglich der Medienberichterstattung.

FK Frei nach dem Motto: »Wer nicht alles sagt, lügt noch nicht«?

HP (lacht) Ein Begehren ist ja noch keine Einflussnahme. Aber im Ernst: Ich halte es für absolut verständlich, dass Angehörige und Freunde das Bedürfnis haben, dass der unrühmliche Tod eines der ihren nicht an die Öffentlichkeit gezerrt wird. Da würde es dir und mir nicht anders gehen.

FK Durchaus, ich stimme dir voll zu. Zurück zur möglichen Einflussnahme auf die Polizeiarbeit: Könntest du dir vorstellen – oder weißt du sogar von konkreten Fällen –, wo so etwas doch passiert?

HP Da weiß ich nicht mehr als die Medien. Einflussnahme bei aufsehenerregenden großen Fällen soll es beispielsweise in Wien schon gegeben haben.

FK Konkret?

HP Na ja, der Fall Proksch/Lucona etwa, wo die ganze Wiener Schickeria mit ihm befreundet war, unter anderem etliche Politiker.

Krasse Fälle

FK In deiner Eigenschaft als Gruppenleiter warst du ja für kurze Zeit auch in Berlin, hast du mir erzählt. Wie ist es dazu gekommen?

HP Es war eine Hospitation bei der damaligen 6. Mordkommission in Berlin, um die kriminalistische Arbeit in der Großstadt kennenzulernen. Ich hatte diese Idee in der Hoffnung, bei den Berlinern für uns etwas abkupfern zu können. Ein enger Mitarbeiter stellte einen diesbezüglichen Antrag beim Innenministerium, und wider Erwarten klappte es. Zwei Kollegen und ich wurden drei Wochen lang voll in die Arbeit der Mordkommission einbezogen, wobei wir auch kriminalpolizeiliche Absurditäten erlebten. So wie die Frau, die vom Täter – in der Meinung, sie sei tot – in einem Bettzeugkasten verstaut wurde. Als sie dort von der Polizei sozusagen zusammengeklappt gefunden wurde, hat sie sich plötzlich leicht bewegt. Sie lebte noch! Fast unvorstellbar, nach mehreren Tagen eingezwängt in einem Bettkasten.

FK Gibt es noch ähnlich eigentümliche Fälle?

HP Nahezu unglaublich war auch ein Fall in Rankweil, wo ein Mann sich beim Holzsägen mit der Kreissäge den Kopf abgeschnitten hat. Der Gendarmerieposten meldete uns den Fall sofort. Wir waren gerade beim Schießtraining in Koblach und wurden gerufen, um die Sache zu untersuchen. Der Kopf hing nur mehr an ein paar Hautbrücken. Wir haben die Spurensicherung geholt und alle möglichen Leute befragt. War es Suizid, war es ein Unfall? Spurensicherung und Befragungen von Auskunftspersonen ergaben am Ende recht eindeutig, dass es sich um Suizid handelte. Eine äußerst seltene Form von Selbstmord allerdings ...

Ein anderer Fall, der wegen seiner Lösung interessant und ungewöhnlich war, ereignete sich Ende der Neunzigerjahre in Sulz-Röthis: Ein gewisser Herr M. wurde mit einem Messerstich im Herzen tot aufgefunden. Weil er und seine Lebensgefährtin alleine zu Hause waren, war die Frau natürlich die erste Tatverdächtige. Uns fiel auf, dass sie von dem Toten immer nur als »der M.« gesprochen hat, nie von ihrem Mann oder Lebensgefährten. Die Spurensicherung wies durch Anwendung des Luminolverfahrens Blutspuren in der Bestecklade nach. Die Frau wurde festgenommen, bestritt aber alles. Allerdings erzählte sie von einem Zwist am betreffenden Tag: Sie sei zum Friseur gegangen, und ihr Mann warf ihr wieder einmal vor, dass sie so viel – nämlich 100 Schilling, das war damals nicht wenig – dafür ausgegeben habe. Er machte ihr endlos Vorwürfe deswegen. Ich vermittelte der Frau, dass sie doch eh so gut aussehe.

FK Hans Poiger, der Charmeur!

HP Na ja, als ich ihr gesagt habe, dass sie eine ganz ansehnliche Frau sei, war das für sie eine persönliche Anerkennung und bewirkte letztendlich, dass sie die Tat gestand.

FK Nicht wahr!

HP Doch! Ihr Mann hatte sie einfach immer nur geringschätzig behandelt. Da war sie für ein kleines Kompliment halt besonders empfänglich.

FK Wieder ein Beispiel dafür, wie man mit Empathie einen Fall lösen kann.

HP Du sagst es. Ein anderer Fall, der mir dazu einfällt: Am 15.10.1985 wurde die 15 Jahre alte Schülerin Christina H. in Vandans von einem vorerst unbekannten Täter durch mehrere Messerstiche getötet und sexuell missbraucht. Intensive, von meinem Vorgänger Karl Gantner geführte Ermittlungen erbrachten einen Tatverdacht gegen den, wie man damals sagte, türkischen Gastarbeiter Ihsan Öztürk. Öztürk hatte offenbar bereits Vorkehrungen zur Flucht getroffen, er hatte sich schon in einem Reisebüro in Innsbruck nach Flugtickets erkundigt. Ein Gendarmeriekollege und ich wurden beauftragt, nach Innsbruck zu fahren und mit der dortigen Kripo nach dem Tatverdächtigen zu fahnden. Tatsächlich konnten wir ihn lokalisieren und nach einer Verfolgungsfahrt in der Innsbrucker Innenstadt festnehmen. Bei der anschließenden Vernehmung bestritt er anfänglich jegliche Täterschaft. Seine

Vandanser Verbrechen offenbar vor der Aufklärung

Mord: Verdächtiger ist verhaftet

Ihsan Öztürk (26) wird dringend verdächtigt, die 15jährige Christina Hartmann erstochen zu haben.

Vandans/Innsbruck. Der Mord an der 15jährigen Vandanserin Christina Hartmann steht vor der Aufklärung: Gestern abend konnte in Innsbruck der 26jährige Gastarbeiter Ihsan Öztürk verhaftet werden. Er wird dringend verdächtigt, die Schülerin erstochen zu haben, nachdem diese am Donnerstag, 24. Oktober, gegen 23 Uhr in Vandans aus der Montafonerbahn gestiegen war. Auch Öztürk war mit der Bahn von Bludenz nach Vandans gefahren, wo er seit Juni in einem Baulager hauste. Der Mann war, wie alle türkischen Gastarbeiter im Montafon, bereits vor Tagen befragt worden. Bei der Überprüfung seiner Angaben stellte es sich heraus, daß er gelogen hatte. Offenbar hatte Öztürk vor, in die Türkei zu flüchten. Jedenfalls erkundigte er sich gestern bei einem Innsbrucker Reisebüro nach einem Flugticket.

Der Großeinsatz der Gendarmerie, die seit der Entdeckung des grauenvollen Mordes in Vandans mit Hochdruck an der Aufklärung gearbeitet hatte, scheint sich gelohnt zu haben. Der türkische Gastarbeiter, der gestern verhaftet wurde, kommt mit großer Wahrscheinlichkeit als Täter in Frage.

Bekanntlich war die Leiche der 15jährigen Schülerin Christina Hartmann am 26. Oktober, zwei Tage nach

Von Alfons J. Kopf

dem Verschwinden des Mädchens, nahe der Illbrücke entdeckt worden. Ein Unbekannter hatte das Kind mit Messerstichen getötet und mißbraucht, die Leiche dann in einem Gebüsch versteckt. Von Anfang an suchte die Gen-

Flucht nach Tirol

Als Öztürk bemerkte, daß sich das Interesse der Gendarmerie auf ihn konzentrieren könnte, verschwand er vor dem vergangenen verlängerten Wochenende nach Tirol. In Innsbruck wohnt sein Vater, bei dem er sich sicherer fühlte. Am Montag lief die Fahndung nach dem Mann voll an, da er sich unentschuldigt von seinem Arbeitsplatz entfernt hatte. Inspektor Hans Poiger von der Kriminalabteilung und Inspektor Bitschnau vom Posten Schruns, die mit dem Mann zu tun gehabt hatten, beteiligten sich in Innsbruck an der Fahndung nach dem Flüchtigen. Gemeinsam mit Beamten der Polizei wurden sämtliche Türkentreffpunkte abgeklappert.

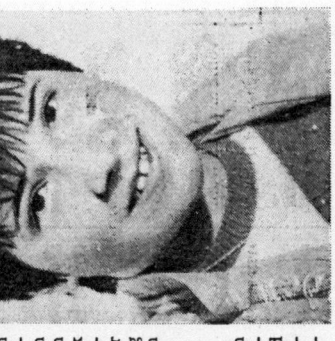

...bau... in Vandans schließlich in... Christina Hartmann verlassen hatte.

Alle Türken befragt

Im Zuge der Ermittlungen, für die bis zu 25 Beamte abgestellt waren, wurden auch sämtliche türkischen Gastarbeiter befragt, die zum Zeitpunkt der Tat im Montafon lebten oder arbeiteten. Auch der 26jährige Ihsan Öztürk, der zur Belegschaft einer Tiroler Baufirma gehört, sagte vor der Gendarmerie aus und wurde fotografiert. Er erklärte, an dem Abend in der Baubaracke geschlafen zu haben.

Da er nicht verdächtiger war als andere Türken, durfte Öztürk wieder gehen. Sein Foto wurde aber, ebenso wie das seiner Landsleute, den Fahrgästen gezeigt, die in der Mordnacht in der Montafonerbahn gesessen waren. Und die glaubten, ihn wiederzuerkennen. Schließlich rückten auch Landsleute des Mannes mit ihrem Wissen heraus. Karl Gantner von der Kriminalabteilung: „Die Türken haben uns mehrfach erklärt, daß sie diese Tat verabscheuen, egal, ob sie ein Österreicher oder ein Landsmann verübt hat. Deshalb haben sie schließlich berichtet, daß Öztürk an diesem Abend nicht daheim war, sondern in einem Bludenzer Türkenlokal."

Messerheld

In dem Lokal begann der betrunkene Hilfsarbeiter Streit mit Landsleuten, bedrohte auch einen mit einem Stilett. Der Wirt konnte den Messerhelden entwaffnen, gab die Waffe aber später zurück, als Ihsan Öztürk sich beruhigt hatte. Der angetrunkene Mann fuhr später offenbar mit der Montafonerbahn heimwärts.

Fahndung Erfolg: Die Polizeistreife, mit der die Vorarlberger Gendarmen unterwegs waren, hielt auf der Innstraße in der Nähe des Wohnsitzes von Öztürks Vater einen Mercedes an, in dem Gastarbeiter saßen. Ihsan Öztürk war mit dabei und ließ sich widerstandslos festnehmen. Er war offenbar reisefertig, hatte sich am Nachmittag bereits in einem Reisebüro um ein Flugticket in die Türkei bemüht.

Notzuchtsdelikte

Der verhaftete Verdächtige, der von den Vorarlberger Beamten noch gestern abend in Innsbruck eingehend einvernommen wurde, war in Tirol bereits im Zusammenhang mit zwei Notzuchtsdelikten aufgefallen.

Um den Mord an der 15jährigen Schülerin endgültig aufklären zu können, ersucht die Gendarmerie um Hinweise auf Ihsan Öztürk. Besonders wichtig wäre es, zu erfahren, wo der Mann sich in der Zeit zwischen dem Mord und seiner Abreise, vermutlich 31. Oktober, aufgehalten hat. Auch, wer sonst etwas über den Aufenthalt des Türken berichten kann, wird gebeten, sich zu melden. Hinweise werden vertraulich behandelt.

Großartige Arbeit

Die Gendarmerie hat bei der Aufklärung des verabscheuungswürdigen Blutverbrechens großartige Arbeit geleistet. Jedem Hinweis gingen die Beamten unter Leitung von Major Manfred Bliem und Inspktor Karl Gantner nach, jede noch so kleine Spur wurde verfolgt. Diese konsequente Kleinarbeit, die auch nach tagelangen Miß-

Christina Hartmann wurde auf dem Weg vom Bahnhof Vandans zu ihrem Elternhaus überfallen und ermordet.

erfolgen nicht aufgegeben wurde, führte jetzt offenbar zum Erfolg.

Die Beamten verweisen aber auch dankbar auf die zahlreichen Hinweise, die aus der Bevölkerung einlangten, sowie auf die Bereitschaft zur Mitarbeit, die von den Zeugen bewiesen wurde. Das gemeinsame Bemühen führte schließlich auf die Spur des Tatverdächtigen.

Unsicherheit war jedoch deutlich spürbar und so habe ich ihn in einer ersten formellen Vernehmung auf seine Ehre angesprochen.

FK Weil du darauf gezählt hast, dass sie gerade für Türken einen sehr hohen Stellenwert hat?

HP Ja, und das Thema Ehre war damals auch der einzige Schlüssel, um an diese Leute heranzukommen. Mitte der Achtzigerjahre galt es als fast unmöglich, von einem Türken ein Geständnis zu bekommen.

FK Wegen deren, sagen wir einmal, problematischem Verhältnis zur Polizei?

HP Die Polizei war für die meisten ein ausgesprochenes Feindbild, das kann man schon so sagen. Da war nicht viel mit der »Polizei, dein Freund und Helfer«. Wie auch immer, ich appellierte an seine Männlichkeit und Ehre und sagte, er möge sich doch den Papstattentäter, seinen türkischen Landsmann Ali Agca, zum Vorbild nehmen, der habe auch eine aufsehenerregende Tat begangen und sich zu dieser bekannt. Das regte in ihm sichtbar Überlegungen an, man merkte richtig, wie es in ihm arbeitete. Und tatsächlich: Nach einiger Zeit gestand er, das Mädchen getötet zu haben.

FK Bei all den Mordtaten, die du bearbeitet hast, zeichnen sich manche vielleicht durch die sprichwörtliche »besondere Brutalität« aus. Fallen dir da ein paar markante Fälle ein?

HP Ja, zwei stechen doch einigermaßen heraus. Der erste liegt bereits zwanzig Jahre zurück, ist mir aber noch sehr gegenwärtig – eben wegen der extremen Brutalität, mit der dabei vorgegangen wurde. Zwei vorerst unbekannte Täter überwältigten im Oktober 1998 den 66 Jahre alten Landwirt Gebhard H. im Stallgebäude seines Anwesens. Sie fesselten ihm die Hände und Füße mit einem mitgebrachten fünf Zentimeter breiten Klebeband. Weiters strangulierten sie ihn mit einem Kälberstrick, verbanden diesen Strick mit seinen Füßen und umwickelten den Kopf des Mannes im Mund- und Nasenbereich mit einem Klebeband. Außerdem misshandelten sie den Landwirt mit Fußtritten ins Gesicht, gegen den Kopf und den Oberkörper. Sie ließen ihn in Bauchlage im hintersten Abteil des Stalles liegen, wo er später tot aufgefunden wurde. Anschließend begaben sich die maskierten Täter in das gegenüberliegende Wohngebäude und trafen dort auf die 76 Jahre alte Frau des Landwirtes, die soeben aus der Toilette kommend in den Hausgang trat. Die Täter schlugen ihr ins Gesicht, überwältigten sie und fesselten sie ebenfalls mit Klebebändern an Händen und Füßen. Danach ließen sie sie auf dem Küchenboden liegen. Sie durchsuchten sämtliche Räume des landwirtschaftlichen Gebäudes nach Bargeld und konnten einen relativ hohen Schillingbetrag erbeuten. Ein einziges Zimmer, nämlich jenes, in dem die bettlägerige Schwester der Landwirtsfrau lag, durchsuchten die Täter nicht. Die Frau des Landwirtes konnte sich von ihren Fesseln befreien und sich zu den Nachbarn in Sicherheit bringen, von wo aus Rettung und Gendarmerie verständigt wurden.

Das Landwirtsehepaar hatte an verschiedenen Orten des Wohnhauses Geld versteckt, auch in einer Schachtel in einem Zimmerschrank. Das war von einem Gelegenheitsarbeiter, der Malerarbeiten im Haus durchgeführt hatte, entdeckt und weitererzählt worden. Als mutmaßliche Täter konnten ein mehrfach vorbestrafter Vorarlberger und ein ebenso schwer vorbestrafter Mann aus Graz ausgeforscht werden. Der Vorarlberger hatte von den Geldverstecken erfahren und den Tatplan gefasst. Zur Tatausführung holte er sich den Komplizen aus Graz, bei dem es sich um einen großen, kräftigen und gewalttätigen Mann handelte. Die beiden kannten sich aus früheren Haftzeiten. Der Täter aus Vorarlberg wurde wegen Mordes verurteilt, da ihm die Anwesenheit am Tatort aufgrund von Blutspuren nachgewiesen werden konnte. Der gewalttätige Grazer wurde nur wegen Hehlerei verurteilt, da ihm seine Anwesenheit am Tatort nicht konkret nachgewiesen werden konnte. Es stand lediglich fest, dass er eine Summe des Geldes, das aus der geraubten Beute stammte, für eine Schuldenbegleichung verwendet hatte.

FK Und der zweite Fall?

HP Mindestens so brutal wie der eben geschilderte Fall war einer, der sich noch viel früher ereignete. Der 27 Jahre alte Roman Cotar hatte im Juli 1983 in einer Diskothek in Heilbronn/BRD mit einem gezielten Kopfschuss einen Security-Mann erschossen, der seine Schwester Diana aus irgendeinem Grund beanstandet hatte. Als ein zweiter sich einmischte, schoss Cotar diesem gezielt in den Hals. Der Mann überlebte zum Glück.

Nach seiner Flucht über Frankreich, Italien und Jugoslawien kam Cotar nach Vorarlberg. Am 30. 8. 1983 führte er einen Raubüberfall auf ein Waffengeschäft in Bregenz aus, wobei er die Tochter des Geschäftsinhabers, Margot D., zu Boden schlug. Als der Geschäftsinhaber Albert D. seiner Tochter zu Hilfe kommen wollte, gab Cotar einen Schuss aus einer Pistole auf den Mann ab und traf ihn in die Halswirbelsäule. Albert D. war sofort tot. Cotar wollte flüchten, sah sich aber vor dem Laden mehreren herannahenden Zoll- und Gendarmeriebeamten gegenüber. Er lief daraufhin ins Geschäft zurück, zerrte Margot D. als Geisel auf die Straße und bemächtigte sich dort eines sich nähernden Pkw. Er zwang die Geisel, mit ihm nach Lochau zu fahren, wo er in einen Wald flüchtete. Cotar konnte noch am selben Tag im Zuge einer groß angelegten Fahndung verhaftet werden.

FK Ich verstehe, ehrlich gesagt, nicht so recht, was genau es ausmacht, dass ein bestimmter Mord – eine wohl per se brutale Tat – als »besonders brutal« bezeichnet wird. Könntest du mir erklären, warum du die beiden geschilderten Fälle so etikettierst? Anders gefragt: Weshalb empfindest du die hier verübten Taten als brutaler als jene Grauslichkeiten, von denen du auch schon erzählt hast?

HP Gute Frage, beziehungsweise eine Frage der Betrachtungsweise! Erachte ich die Tötung eines Menschen an sich als brutal, dann stellt sich im Umkehrschluss die ethische Frage, ob es so etwas wie einen humanen Tod überhaupt gibt – Stichwort Sterbehilfe oder Euthanasie. Vom Gesetz her unterscheiden wir jedenfalls zwischen höchst unterschiedlich zu bewertenden (und dementsprechend unterschiedlich geahndeten) Stufen. So besagt das Strafrecht, genauer § 75 STGB, in Sachen Mord: *Wer einen anderen tötet, ist mit Freiheitsstrafe von zehn bis zu zwanzig Jahren oder mit lebenslanger Freiheitsstrafe zu bestrafen.* Das Strafrecht kennt auch den Totschlag, wo es im § 76 heißt: *Wer sich in einer allgemein begreiflichen heftigen Gemütsbewegung dazu hinreißen lässt, einen anderen zu töten, ist mit Freiheitsstrafe von fünf bis zu zehn Jahren zu bestrafen.* Dann kennt das Strafrecht auch die fahrlässige Tötung, wo die Außerachtlassung der Sorgfaltspflicht ein sogenanntes Tatbestandsmerkmal ist. Außerdem gibt es noch andere Delikte (Körperverletzung etc.) mit Todesfolge. Wenn zum Beispiel das Personal in einer Pflegeeinrichtung PatientInnen heimtückisch durch die Verabreichung von tödlichen Medikamenten vergiftet, ist das verwerflich und brutal. Im Strafrecht geht es aber primär um die individuelle Schuld. Wir kennen alle, hauptsächlich aus den Medien, die Bezeichnungen »grausamer Mord«, »abscheulicher Mord«, »blutiger Mord«, »bestialischer Mord« usw. Ich meine, wenn eine Tötung mit großer Gewaltanwendung, Grausamkeit, Abscheulichkeit bis Bestialität verbunden ist, kann dies als »brutal« oder »besonders brutal« bezeichnet werden. Oder, in deiner Terminologie, als krasser Fall ...

FK Ich verstehe schon, dass das Etikett »krass« oder »besonders brutal« einen geradezu dazu reizt, auf Begriffe wie »abscheulich« oder »bestialisch« zurückzugreifen. Letztlich sind diese aber für mich nicht mehr als Synonyme, die wenig Erklärung bieten. Und selbst dein Versuch, mit Differenzierungen bzw. Strafrechtskategorien wie Mord, Totschlag und fahrlässige Tötung zu operieren, greift meines Erachtens zu kurz. Wer würde denn eine fahrlässige Tötung oder einen Totschlag je als bestialisch bezeichnen? Niemand! Wenn es um das ultimativ Grausame, um exzessive Brutalität geht, haben wir doch immer glasklar einen Mord vor Augen, oder? Also noch einmal zurück zu meiner Frage: Weshalb empfindest du die beiden zuvor geschilderten Fälle als

»besonders brutal«? Wegen des »gezielten Schusses« von Cotar? Oder wegen der Misshandlungen des Ehepaars im Frastanzer Fall?

HP Ja, genau, so sehe ich das. Ich messe die Brutalität am Ausmaß der konkreten Gewaltausübung bei der Tatausführung. Lass es mich anhand von Beispielen erklären: Wenn jemand durch eine heimliche Giftzugabe getötet wird, ist die Tötung an sich brutal und verwerflich, die Tathandlung aber eher als heimtückisch anstatt als gewaltsam zu bezeichnen. Wenn man bei einem Auto die Bremsleitung kappt oder die Radmuttern löst, damit der Fahrer in den Tod fährt, oder wenn ein Täter einer in der Wanne badenden Frau einen eingeschalteten, schlecht gesicherten Haarföhn ins Wasser wirft, ist die Tathandlung selbst nicht sonderlich gewalttätig. Oder wenn im Zigarettenanzünder einer Zuhälterkarosse, wie auch schon geschehen, ein Sprengstab eingebaut wird, der bei Betätigung des Zigarettenanzünders explodieren und den oder die Insassen töten hätte sollen, nenne ich das eher eine raffinierte Tathandlung. Insofern möchte ich die beiden erwähnten Mordfälle mit sehr hoher Gewaltausübung als besonders brutal bezeichnen.

FK Ich sehe schon, in dieser semantischen Frage werden wir uns nicht ganz einig. Aber nachdem wir uns derzeit gerade am Beginn der Adventzeit befinden, würde ich gerne von dir wissen, wie sich die Vorweihnachtszeit üblicherweise auf die Arbeit der Gruppe Leib/Leben auswirkt. Gibt es da weniger Gewalttaten oder gar mehr? Von psychotherapeutischer Seite wird ja berichtet, dass Konflikte innerhalb der Familie gerade um Weihnachten herum oft eskalieren, vermutlich schon deshalb, weil man bei diesem großen Fest mehr Zeit als üblich zusammen verbringt, was im Krisenfall Eruptionen der Gefühle bzw. der Gewalt zur Folge haben kann.

HP Also dass bei uns in der Weihnachtszeit oder Vorweihnachtszeit vermehrt schwere Gewalttaten oder gar Tötungen geschehen, ist sicher nicht der Fall. Wohl aber kommt es zu Streitigkeiten und

Körperverletzungen im familiären Kreis oder bei internen Feiern, die, wie du sagst, auf Eruptionen der Gefühle zurückzuführen sind. Vor Jahren kam es aber in der Vorweihnachtszeit gehäuft zu Überfällen auf Geldinstitute.

FK Weil auch Bankräuber ihren Kindern etwas unter den Christbaum legen wollen?

HP (lacht) Sozusagen. Zur Überwachung und Sicherung von Banken und Postämtern wurden deswegen zusätzliche Dienste eingerichtet. Heute sind es regelrechte Wellen von Einbrüchen in Wohnungen und Wohnhäusern, verübt von organisierten osteuropäischen Einbrecherbanden unter Ausnützung der frühzeitig einsetzenden Dunkelheit – die berüchtigten Dämmerungseinbrüche.

Aber noch einmal zurück zu deiner Frage: Wohl hatten wir einmal, nämlich in der Vorweihnachtszeit 1984, eine ungewöhnliche Häufung von Mordfällen, doch hatte diese meines Erachtens wenig bis nichts mit der vorweihnachtlichen Stimmung zu tun. Konkret kam es damals innerhalb von drei Tagen gleich zu drei Morden.

FK Ein für Vorarlberger Verhältnisse enormer Schnitt.

HP Ja, absolut. Was war passiert? Am Abend des 13. 12. 1984 fanden sich in der Arbeiterunterkunft einer Baufirma in Ludesch jugoslawische Gastarbeiter zu einer Abschiedsfeier zusammen. Es war der Beginn ihres Weihnachtsurlaubs und sie wollten am nächsten Tag in ihre Heimat fahren. Zwischen Hasan B. und Redjiv V., beide sehr stark alkoholisiert, entstand eine Auseinandersetzung. Redjiv V. versetzte dem körperlich unterlegenen Hasan B. unvermittelt einen Faustschlag ins Gesicht. Daraufhin ging Hasan B. in sein Zimmer, holte dort ein Messer und fügte Redjiv V., der ihm nachgefolgt war, ohne zu zögern einen Stich ins Herz zu. Redjiv V. war sofort tot.

Zwei Tage später, am 15. 12. 1984, gab eine 20 Jahre alte Frau im Esszimmer der elterlichen Wohnung, zufälligerweise auch in Ludesch, aus einem Meter Entfernung mit einem Kleinkalibergewehr fünf Schüsse auf ihre am Tisch sitzende Mutter ab. Die Mutter war ebenfalls sofort tot. Die Tochter litt an Schizophrenie.

Noch am selben Tag kam es in einer Prostituiertenunterkunft in Lochau/Klausmühle zu Problemen zwischen einer Prostituierten und einem türkischen Freier. Die Prostituierte rief ihren Zuhälter Josef H. an, der sofort in die Absteige kam. Zwischen Freier und Zuhälter entstand eine heftige Schlägerei, in deren Verlauf der Zuhälter den Freier erwürgte. Die Aufarbeitung dieses Falls gestaltete sich übrigens gar nicht so einfach, denn der Zuhälter hatte große Erfahrungen im Umgang mit Polizei und Justiz.

Ganz allgemein ist die Bearbeitung eines Mordfalles, auch wenn der Täter bekannt und der Sachverhalt ziemlich klar ist, immer sehr arbeitsintensiv und umfangreich, muss doch die Tötung eines Menschen genau dokumentiert und nachvollzogen werden. Da ist es mit einem ausführlichen Bericht an die Staatsanwaltschaft allein nicht getan. Die polizeilichen Erhebungen müssen Grundlage für ein objektives Gerichtsverfahren liefern und bei einer Tötung geht es schließlich um hohe Haftandrohungen.

FK War das die größte Häufung von Tötungen während deiner Ermittlertätigkeit?

HP Was Morde betrifft, ja. Manchmal hatten wir pro Jahr kaum mehr Tötungsdelikte zu bearbeiten als an diesen drei Tagen, und im Jahre 1995 geschah bei uns im Ländle zum Beispiel überhaupt kein Mord. Was aber die Anzahl der von uns bearbeiteten Todesfälle an einem einzigen Tag angeht, weist der 29. 12. 2006 eindeutig ein Alleinstellungsmerkmal auf: fünf Tote! Wie ich schon erwähnt habe, hatten wir nicht nur bei Mord und anderen Delikten gegen Leib und Leben zu ermitteln. Auch bei größeren Unfallgeschehen, wo Menschen getötet oder verletzt wurden, war zu erheben, wie sie entstanden und ob sich jemand dafür strafrechtlich zu verantworten hatte. So auch am Vormittag jenes 29. Dezember.

Am frühen Morgen fuhr ein Regionalzug von Wolfurt nach Lindau. Auf der Strecke zwischen Bregenz und Lochau vernahm der Lokführer um 5.45 Uhr ein Schlaggeräusch an der Außenwand des Zuges links vorne. An der folgenden Haltestelle Lochau besichtigte er die Lokomotive von außen, ohne in der Dunkelheit etwas Auffälliges erkennen zu können. Trotzdem teilte er seine Wahrnehmung dem Zugdisponenten per Funk mit. Am Bahnhof Lindau angekommen, untersuchte der Lokführer die Zuggarnitur nochmals eingehender und stellte Blutspuren und kleine Fleischanhaftungen an einem sogenannten Drehgestell fest, was er sofort wieder dem Zugdisponenten mitteilte. Dies führte dazu, dass anschließend der Gleiskörper im fraglichen Bereich von zwei Polizisten abgesucht wurde, die aber nichts fanden. Auch alle anderen Lokführer, die diese Strecke befuhren, waren angewiesen worden, diesen Bereich genau zu beobachten.

In der Zwischenzeit hatte ein Jogger auf der sogenannten Pipeline, verdeckt in einem Gebüsch liegend, die Leiche eines jungen Mannes entdeckt und dies bei der Polizeiinspektion Lochau gemeldet. Wie sich später herausstellte, war der Achtzehnjährige frühmorgens alkoholisiert von einer Party nach Hause unterwegs gewesen und dabei vom Regionalzug erfasst worden. Zwei Polizisten und eine Polizistin sowie ein Leichenbestatter wurden daraufhin zum Auffindungsort der Leiche geschickt. Zwecks Sachverhaltsaufnahme und Spurensuche hielten sich die Polizeibeamten und der Leichenbestatter auch direkt auf und zwischen den Schienen auf. Die Polizisten standen dabei in telefonischer Verbindung mit der zuständigen Stelle der ÖBB.

Währenddessen fuhr der Lokführer, der schon am Morgen im Regionalzug das Schlaggeräusch wahrgenommen hatte, diesmal mit einem Eurocityzug vom Bahnhof Lindau Richtung Bregenz ab. Dabei erfasste sein Zug in Lochau bei sehr dichtem Nebel und mit hoher Geschwindigkeit die Gruppe der Unfallermittler. Ein Polizist, die Polizistin und der Leichenbestatter waren sofort tot. Der zweite männliche Polizeibeamte wurde vom Luftdruck des Zugs zur Seite gedrückt und kam nur um Haaresbreite mit dem Leben davon.

Der Leiter des LKA, Hardy Tschofen, teilte mir am Vormittag an der Dienststelle mit, dass sich auf der Bahnstrecke zwischen Bregenz und Lochau offenbar ein schwerer Bahnunfall mit mehreren Toten ereignet habe. Wir fuhren zusammen mit mehreren Kollegen der Spurensicherung zur Unfallstelle und fanden dort die drei schrecklich verstümmelten Leichen.

Meine erste Tätigkeit nach der Besichtigung der Unfallstelle war die Vernehmung des Lokomotivführers. Durch die Medien war der Unfall natürlich in kürzester Zeit weltweit verbreitet worden und so erhielt ich kurz nach dem Beginn der Vernehmung sogar einen Anruf von der Kripo Berlin, wo ich hospitiert hatte. Die Berliner Kollegen erkundigten sich nach mir, weil sie befürchteten, ich selbst sei von dem Zug überrollt worden. Den Lokführer traf übrigens in beiden Fällen keine Schuld. Letztlich hatte die ÖBB den Unfall zu verantworten, weil der Lokführer des Unfallzugs keine Anweisung erhalten hatte, sich – wie in solchen Fällen vorgesehen – langsam der Unfallstelle anzunähern. Wie auch immer: Ich habe den getöteten Polizisten sehr gut gekannt und mit der getöteten Polizistin habe ich noch ein paar Wochen zuvor gemeinsam in einem Todesfall in Hard ermittelt.

FK Und was hat all das mit dir gemacht?

HP (lange Pause) Nicht nur ich, sondern alle Kollegen waren damals natürlich sehr betroffen. Der Tod im Dienst, jetzt hatte er also zugeschlagen!

FK Hast du in diesem Zusammenhang psychologische Unterstützung in Anspruch genommen?

HP Nein, die korrekte und genaue Aufarbeitung stand damals im Vordergrund. Mir war bewusst, dass es sich hier um eine Tragödie handelte, dachte mir aber gleichzeitig, dass so etwas jede und jeden von uns in diesem Job treffen kann und letztlich als ein Teil des Lebens akzeptiert werden muss.

FK Uns fehlt noch der fünfte Tote an diesem Tag.

HP Stimmt. Es handelte sich dabei um einen Selbstmord. Zum Bahnunfall waren an diesem Tag auch Abklärungen im Landeskrankenhaus Bregenz zu tätigen. Dort traf ich mit Kollegen von der Polizeiinspektion Bregenz zusammen, die mir mitteilten, dass sich kurz zuvor eine Patientin aus einem Fenster des Krankenhauses gestürzt habe und tot sei – ein eindeutiger Fall von Suizid. Ich hatte mich damit nicht zu befassen, doch die Tote war eine Nachbarin aus meinem ehemaligen Wohnsitz in Bregenz, mit der ich mich immer sehr gut verstanden habe. Insgesamt gab es an jenem 29. Dezember 2006 also fünf Todesfälle, mit denen ich konfrontiert war – ein trauriger Rekord.

Highlights und Tiefpunkte

FK Wo hast du denn am meisten geglänzt als Ermittler, Hans, und was war deine größte berufliche Niederlage?

HP Das kann man nicht so einfach sagen: Jeder Fall ist eine neue Herausforderung. Der Fall Dr. Krampe war aber schon ein Highlight, man könnte auch sagen: Highlight und Tiefpunkt in einem. Es ging um einen Raubmord, das Opfer wurde erstochen im Göfner Wald aufgefunden. Wir hatten jede Menge Beweismittel ohne Druck und Drohungen erhoben. Der Täter Olaf Wunderlich war ein intelligenter, aber charakterlich fragwürdiger Mensch, der schließlich ein Geständnis ablegte und auf meine Empfehlung hin in der U-Haft dies handschriftlich niederschrieb. Bei der Schwurgerichtsverhandlung stritt er, vertreten durch Rechtsanwalt Mandl, alles ab und wurde am Ende von den acht Geschworenen mit sechs zu zwei Stimmen freigesprochen. Ich als ermittelnder Beamter wurde vom Verteidiger in der Hauptverhandlung und in seinem Plädoyer in schäbiger und grenzwertiger Weise persönlich heruntergemacht, das war gar nicht lustig. Im Zuge der Hauptverhandlung hat Wunderlich gegen mich eine Anzeige wegen unkorrekter Ermittlungsarbeit eingebracht, die von der Staats-

Mordprozeß: Staatsanwalt geht zum Höchstgericht

Trotz des Freispruchs des Geschworenensenats im Mordfall Krampe ist das letzte Wort noch nicht gesprochen. Staatsanwalt Dr. Walter Kohler meldet gegen das Urteil Nichtigkeitsbeschwerde beim Obersten Gerichtshof an.

Von Peter Barta

Die einzige rechtliche Möglichkeit, gegen einen Freispruch eines Geschworenensenats anzukämpfen, will Staatsanwalt Dr. Walter Kohler anwenden: Nichtigkeitsbeschwerde an den Obersten Gerichtshof.

„Wir haben die Nichtigkeitsbeschwerde bereits angemeldet. Wenn das schriftliche Urteil da ist, werde ich zumindest einen der 13 möglichen Nichtigkeitsgründe geltend machen", so Staatsanwalt Dr. Walter Kohler zur NEUEN.

„Schwieriges Unterfangen"

„Ohne auf den aktuellen Fall eingehen zu wollen" bezeichnet der Vorsitzende des Geschworenensenats im Krampe-Prozeß, Dr. Erich Wieder, eine Nichtigkeitsbeschwerde gegen einen Freispruch eines Geschworenensenats als „ein schwieriges Unterfangen". Kohler könnte eventuell Prozeßmängel geltend machen, wenn beispielsweise ein Antrag der Staatsanwaltschaft abgelehnt wurde. Allerdings habe er keine Anträge gestellt, so Wieder.

Poiger überlegt Klage

Für einigen Wirbel in der Kriminalabteilung Bregenz sorgte die

Kollegiales Lächeln zu Prozeßbeginn. Dann aber flogen die Fetzen. Verteidiger Dr. Georg Mandl (links) und Staatsanwalt Dr. Walter Kohler (rechts).

Verteidigungs-Strategie in diesem Marathon-Prozeß. Chefinspektor Hans Poiger wurde von Verteidiger Mandl wiederholt massiv angegriffen. Er habe gelogen und Beweismittel unterschlagen, behauptete Mandl im Schlußplädoyer. Nun überlegt sich Poiger, ob es sinnvoll ist, den Anwalt eventuell zu klagen.

Ein weiteres Problem ergibt sich für die Mordkommission: Mit dem Urteil der Geschworenen steht eines fest: Der Mordfall Krampe ist weiterhin ungelöst. Der Mörder des Geschäftsmanns aus Wiesbaden, dessen Leiche nahe des Schwarzen Sees bei Göfis gefunden wurde, läuft immer noch frei herum.

anwaltschaft zurückgelegt wurde. Nach dem Freispruch durch das Landesgericht Feldkirch wurde von Wunderlich neuerlich gegen mich Anzeige erstattet und ein Verfahren wegen Missbrauchs der Amtsgewalt, Urkundenunterdrückung, falscher Beweisaussage vor Gericht und Unterdrückung eines Beweismittels eingeleitet. Ich konnte aber alle Vorwürfe entkräften, sodass es letztlich zu keiner Anklage gegen mich kam. Darüber hinaus bemühte sich RA Mandl beim Innenministerium und Landesgendarmeriekommando darum, meine Entlassung aus dem Kriminaldienst zu

Mordfall Krampe: Vorwürfe gegen den Chefermittler

Beim spektakulären Prozeß um den Mordfall Krampe wurde am Freitag der Leiter der Mordkommission, Hans Poiger, vernommen. Der Chefermittler mußte sich dabei eine Flut von Anschuldigungen gefallen lassen.

VON GERHARD SOHM

Am dritten Prozeßtag um den Mordfall Krampe (die NEUE berichtete) flogen am Landesgericht Feldkirch bisweilen buchstäblich die Fetzen: Denn das Repertoire der Vorwürfe von Rechtsanwalt Dr. Georg Mandl gegen Chefermittler Poiger schien schier unerschöpflich zu sein. So unterstellte der Verteidiger des mordverdächtigen Angeklagten Olaf Wunderlich dem Chefermittler nach wie vor, dem Untersuchungsrichter entlastendes Beweismittel vorenthalten zu haben. Eine entsprechende Anzeige war allerdings am Tag vor Prozeßbeginn abgeschmettert worden.

Daß gewisse Akten vorübergehend in der Schublade liegengeblieben sind, gab Poiger zu. Er rechtfertigte dies damit, daß sein Urlaub dazwischengekommen sei. Ein weiterer Vorwurf Mandls war, daß der Chefermittler die Leiche Krampls noch vor dem Eintreffen des Gerichtsmediziners vom Tatort wegschaffen lassen habe. Bezüglich der Stichverletzungen gebe es nämlich mehrere „Ungereimtheiten", betonte Mandl.

So paßte etwa die Anzahl der Stichverletzungen am Körper des Ermordeten nicht mit den Spuren an seiner Jacke überein. Als Begründung für die vorzeitige Entfernung der Leiche führte Poiger an, daß damals bereits die Dunkelheit eingetreten sei und man den Tatort hätte ausleuchten müssen. Und dies wäre für die Spurensicherung von erheblichem Nachteil gewesen.

Zum Geständnis „überredet"

Wunderlich sei von der Kripo zum Geständnis „überredet" worden, teilweise mit Drohungen, lautete ein weiterer Vorwurf Mandls. Poiger kommentierte dies wie die meisten anderen Anschuldigungen mit „lächerlich" und betonte, daß der Beschuldigte in der Kriminalabteilung Bregenz überaus menschlich behandelt worden sei. Wunderlichs Vernehmung in Bregenz sei anders verlaufen als in Tschechien, wo der Angeklagte von den Behörden angeblich gefoltert wurde, sagte Poiger. Aus Protest ging Wunderlich in den Hungerstreik und nahm seinen Angaben zufolge sechzig Kilogramm ab.

Der Mordverdächtige hatte den Vorarlberger Kriminalisten sein Geständnis damals wortwörtlich diktiert und es darüberhinaus selbst handschriftlich verfaßt. „Es war eine reine Vernunftsüberlegung von ihm, nichts anderes", sagte der Kriminalist. Heute bestreitet der Beschuldigte den Mord. „Krampe war ein viel zu wichtiger Geschäftspartner für mich", so der Angeklagte.

Keine Alibiüberprüfung

Laut einer weiteren Anschuldigung Mandls sei Wunderlichs Alibi von der Kriminalabteilung nicht überprüft worden. „Dazu bestand absolut keine Veranlassung", schmetterte Poiger ab. Die Vernehmung des Kriminalbeamten wird am Montag um 8.30 Uhr fortgesetzt.

erreichen. Eine solche Initiative ging natürlich weit über seinen eigentlichen Auftrag, die Verteidigung eines Mordverdächtigen, hinaus. Weil der in Österreich freigesprochene Täter Monate nach seiner Freilassung im alkoholisierten Zustand vor Kumpels mit seiner Tat prahlte und auch damit, Polizei und Gericht über den Tisch gezogen zu haben, wurde von der Staatsanwaltschaft Feldkirch eine Wiederaufnahme des Mordverfahrens erwirkt. Wunderlich wurde in Deutschland erneut festgenommen und schließlich vom Landgericht Berlin von drei Berufsrichtern und zwei

Schöffen verurteilt. Der deutsche Staatsanwalt konnte nicht verstehen, dass das Beweismaterial in Österreich nicht für eine Verurteilung ausgereicht haben sollte. Vor dem Landgericht Berlin führte die kriminalpolizeiliche Arbeit kritiklos zu einer eindeutigen Verurteilung.

FK Ein starkes Ding! Da wurde seitens des Verteidigers versucht, aus dem ermittelnden Polizisten einen Täter zu machen! Du hast die ganze Tretmühle eines Gerichtsverfahrens also am eigenen Leib erfahren.

HP So ist es. Kurzfristig zweifelt man da schon am Rechtsstaat. Später verwendete ich diesen Fall wie auch andere Straftaten – etwa den Fall A.[5] – für Schulungsvorträge in einem österreichweit laufenden Seminarprogramm (KDFR). Beim Mordopfer Mehmet A. hatten wir den türkischen Onkel als Tatverdächtigen, aber die Beweise reichten nicht für eine Anklage durch den Staatsanwalt. Da hätte sogar ich mir im Nachhinein gewünscht, mehr Druck gemacht zu haben. Wir mussten mit einem Dolmetscher arbeiten, was die Kommunikation mit dem Verdächtigen zusätzlich erschwerte. Die Erfordernis, bei einer Einvernahme übersetzen zu müssen, bringt ja generell Probleme mit sich.

FK Mir fällt da eine interessante Parallele ein. Auch ich wurde in meiner Zeit als grüner Stadtrat einmal von einem Politiker angezeigt, doch zu einem Verfahren kam es nie. Der Vorwurf des damaligen FPÖ-Klubobmanns Ewald Stadler: Ich sei – ebenso wie der Bürgermeister – unrechtmäßig gegen das Ausländervolksbegehren der FPÖ vorgegangen, indem ich im Feldkircher Stadtrat einen Antrag einbrachte, in dem der Stadtbevölkerung empfohlen wurde, dieses hetzerische Volksbegehren nicht zu unterzeichnen. Mein Antrag wurde übrigens ohne Gegenstimme angenommen, weil der FPÖ-Stadtrat wieder einmal durch Abwesenheit glänzte. Von Rundfunkjournalisten zu der Causa befragt sagte ich, ich würde mich über die Anzeige freuen, dadurch könne die Diskussion über dieses sogenannte Volksbegehren vertieft werden. Die Staatsanwaltschaft schloss sich aber meiner Meinung an, wonach

Am 13.7.1999 um 14.30 Uhr fiel einem Passanten auf der sogenannten alten Lustenauerstraße in Hohenems, an der Gemeindegrenze zu Lustenau, der Pkw VW-Polo, Bj. 1986, Farbe weiß, Kennzeichen *[Nummer getilgt]* auf, auf dessen Fahrersitz reglos eine männliche Person mit Blutaustritt im Mundbereich saß. Die alte Lustenauerstraße ist ein stillgelegtes Straßenstück in unverbautem Gelände, das als Park- und Abstellplatz benützt wird. Die Ermittlungen ergaben, daß auf den hinter dem Lenkrad sitzenden Mann 8 Schüsse aus Richtung der rechten, vermutlich geöffneten Fahrzeugtüre abgegeben worden waren. Der Mann wurde durch einen Schuß in den Hals rechts und mehrere Schüsse in den Oberkörper und Oberarm rechts getötet. 4 Projektile durchschlugen die Fahrertüre nach außen. Neben dem Fahrzeug wurden im Bereiche der rechten Fahrzeugtüre 8 Patronenhülsen einer Pistolenmunition Kal. 9 mm, vermutlich jugoslawischer Herkunft, gesichert. Der Getötete wurde in der Person des A. Mehmet, geb. *[Geburtsdatum getilgt]*, identifiziert. Mehmet A. hat am 12.7.1999 tagsüber auf einer Baustelle in Feldkirch gearbeitet und wurde an diesem Tag gegen 21 Uhr letztmals lebend gesehen. Er hielt sich seit April 1988 in Österreich auf. Zuletzt war er seit 15.9.1993 bei der Baufirma Nägele in Sulz als Bauarbeiter beschäftigt. Mehmet A. wird in etwa als Einzelgänger (verschlossen, eigensinnig, nicht kontaktfreudig) beschrieben. Er habe nicht oder kaum Alkohol genossen, nicht gespielt und ist mit Suchtgift- oder Waffenangelegenheiten nicht in Zusammenhang zu bringen. Er war überzeugter nationalistischer Gesinnung.

Ein eindeutiges Motiv für die Tat konnte bisher nicht ermittelt werden. Ein Raubmotiv dürfte auszuschließen sein (Geldbörse mit mehreren Tausend ATS und Wertsachen waren vorhanden). Keine Zusammenhänge mit Suchtmittel-, Waffen- oder politischen Angelegenheiten. Familiäre Blutrache wird von allen Auskunftspersonen (Onkel, Cousin etc.) absolut ausgeschlossen. Für eine möglicherweise illegale, gegen die türkische Mentalität verstoßende Beziehung mit einer weiblichen Person bestehen nur sehr vage Hinweise (Gerüchte).

ein politischer Mandatar seine Meinung sehr wohl durch einen politischen Aufruf an die Bevölkerung kundtun könne. Wie auch immer: Stadler verzieh mir die Schlappe nicht, und Jahre später – ich war schon längst aus der Politik ausgeschieden – versuchte er in einer parlamentarischen Anfrage an die damalige Unterrichtsministerin Gehrer, einige von mir zitierte Gedichte als jugendgefährdend hinzustellen. Er verlangte von der Ministerin nicht weniger, als mich aus dem Schuldienst zu entfernen. Damit fiel er allerdings erneut auf die Nase. Du siehst, lieber Hans, bis zu einem gewissen Grad teilen wir das gleiche Schicksal ...

HP Verrückt, absurd! Mitunter gab es auch Absurditäten, die als Todesfall bei uns endeten. Folgendes spielte sich in Hard ab: Ein Mann[6] kommt wieder einmal betrunken nach Hause und wird von seinem gut achtzigjährigen Vater zur Rede gestellt. Es kommt zum Streit und zur körperlichen Auseinandersetzung. In einem regelrechten Kampf rutscht die Faust des alten Herrn in den Mund des Sohnes, wodurch dieser effektiv erstickt wird, bevor Polizei und Rettung kommen. Der greise Täter war bei der Einvernahme physisch und psychisch gut beieinander, und ich bot ihm Kaffee und Zigarette an, was er aber ablehnte. Er saß aufrecht auf seinem Stuhl und vermittelte schon durch seine Körperhaltung und die Art seines Sprechens den Eindruck, dass alles, was er da erzählte, stimme. So eine Persönlichkeit, so ein absurder Fall bleibt einem einfach in Erinnerung. Ein anderes außergewöhnliches Tötungsdelikt – kein Kriminalfall –, das ich nie vergessen werde: Als eine psychisch schwer beeinträchtigte Frau in Hohenems ihr Kind durch Schläge schwer misshandelte und gewaltsam tötete. Die Mutter hat das Kind im Zuge der Misshandlungen am ganzen Körper – sogar am Hoden – gebissen.

FK In meinen Kriminalromanen habe ich immer versucht, die Grenzen des Genres möglichst auszuloten. Einmal, in *Dünne Haut*, bin ich so weit gegangen, entgegen dem herkömmlichen Verständnis, wonach jeder Krimi mindestens mit einer Leiche aufwarten müsse, bewusst keinen Mord geschehen zu lassen – die potenzielle Untat spielt sich nur im Kopf ab. Wie André Heller einmal so richtig behauptete: »Die wahren Abenteuer sind im Kopf – und sind sie nicht im Kopf, sind sie nirgendwo.« Meine Frage an dich: Hast du einmal eine Morduntersuchung erlebt, bei der es, zumindest zu Beginn der Ermittlungen, gar keine Leiche gegeben hat?

HP Ja, auch das gab es. Die 41 Jahre alte Monika I. war aus ihrem Haus in Feldkirch abgängig, auch ihr Auto war nicht aufzufinden. Sie galt als eine äußerst verlässliche und gewissenhafte Person.

---

6 DETAILS AUS DEN PERSÖNLICHEN AUFZEICHNUNGEN POIGERS:

Am 8.3.2001 gegen 21.15 Uhr kam Gerhard S. *[Geburtsdatum getilgt]* stark alkoholisiert nach Hause *[Adresse getilgt]* und ging noch ins Wohnzimmer seiner Eltern Otto und Elfriede S. im ersten Stock ihres Wohnhauses, wo er aufgrund seiner Alkoholisierung auf den Boden fiel. Er war in Begleitung seines Hundes, eines Schäfermischlings. Der Vater versuchte seinen Sohn vom Boden hochzuheben, um ihn in seine Wohnung im zweiten Stock zu bringen. Da ihn der Hund dabei behinderte, versuchte er ihn mit Beinstößen fernzuhalten. Das veranlasste Gerhard S., gegen seinen Vater tätlich vorzugehen. Aufgrund der offenbar sehr gewalttätigen Angriffe des Sohnes holte Otto S. aus seinem Arbeitszimmer einen ca. 200 bis 300 Gramm schweren, enteneigroßen Stein und schlug damit, inzwischen wieder auf dem Boden liegend, seinem Sohn mehrmals auf den Kopf. Die Schläge zeigten keine Wirkung. Beim Versuch, seinen Sohn am Boden festzuhalten, hielt Otto S. ihn mit einer Hand am Kinn fest und geriet mit der Hand in den Mund des Sohnes. Mit der Hand im Mund am Boden auf seinem Sohn liegend wartete Otto S. auf das Eintreffen der inzwischen von seiner Frau verständigten Gendarmerie. Als diese eintraf, war der Sohn tot. Er war, wie die spätere Obduktion ergab, erstickt. Otto S. wurde vorläufig im LNKH Rankweil angehalten und auf freiem Fuß wegen Körperverletzung mit tödlichem Ausgang angezeigt.

Nach den ersten Abklärungen konnte davon ausgegangen werden, dass sie sich niemals entfernt hätte, ohne ihrem nächsten Umfeld davon etwas zu sagen. Es wurden erfolglos umfangreiche Suchaktionen und Abklärungen zu einem eventuellen Unfallgeschehen durchgeführt. Ein Anfangsverdacht richtete sich gegen ihren Mann Pietro I., zumal beim Bezirksgericht Feldkirch ein Termin für eine einvernehmliche Scheidung angesetzt war. Ein konkreter Tatverdacht gegen ihn ergab sich vorerst nicht. Dann wurde ihr Pkw auf dem Parkplatz eines Gasthauses in Feldkirch gefunden. Es ließ sich feststellen, dass er in der Nacht zwei Tage vorher dort abgestellt worden war. Im Auto fanden sich ihre Handtasche mit ihren persönlichen Gegenständen und Dokumente, Geldbörse, Handy usw. Ferner wurden eine Rolle Paketklebeband im Fahrzeug gefunden und Spuren von Erdreich und Tannenreisig. Eine akribische Spurensicherung im Haus verlief negativ und ergab eher das Bild, dass alle Wohnräume wahrscheinlich nach dem Verschwinden der Frau sauber gereinigt worden waren. Die Erkenntnis, dass Pietro I. bereits Jahre zuvor in Chur einen Freund angeheuert hatte, um seine damalige erste Frau zu erschießen, und deswegen in der Schweiz zu dreizehn Jahren Haft verurteilt worden war, belastete ihn schwer. Er wurde zwischenzeitlich mehrmals intensiv vernommen, stellte aber jeglichen Zusammenhang mit der Abgängigkeit seiner Frau konsequent in Abrede.

Solange nicht klar war, wo sich die Frau aufhielt bzw. was mit ihr geschehen war oder ob sie gar getötet worden war, konnte gegen ihn kein konkreter Mordverdacht erhoben werden. Acht Tage nach dem Abgängigkeitszeitpunkt wurde die Leiche der Monika I. zufällig in einem Wald in der Nofler Au in Feldkirch entdeckt. Der Hund einer Spaziergängerin war durch starken Verwesungsgeruch auf die Leiche aufmerksam geworden. Aufgrund der zu dieser Zeit außergewöhnlich hohen Temperaturen war die Leiche schon in einem fortgeschrittenen Fäulniszustand. Die Leiche war an Händen und Füßen mit Paketklebeband gefesselt. Die Obduktion ergab, dass die Frau stranguliert worden war und starke Gewalt gegen ihr Gesicht ausgeübt worden war. Es ergaben sich noch weitere Verdachtsmomente und Indizien, worauf Pietro I. in U-Haft genommen und später vom Landesgericht Feldkirch wegen Mordes zu lebenslanger Haft verurteilt wurde, ohne je ein Geständnis abgelegt zu haben.

Auswirkungen auf die eigene Psyche

FK Was sich wahrscheinlich viele fragen: Wie hält ein Polizist es aus, ständig dem Tod ins Antlitz schauen zu müssen? All die zerstückelten Leichen, die geschändeten Kinder und Frauen – was macht das mit einem? Gibt es da psychologische Betreuung oder Supervision, und wenn ja, hast du selbst welche in Anspruch genommen?

HP Solche Fragen werden und wurden mir tatsächlich öfters gestellt. Aber ich muss sagen, ohne überheblich oder protzig wirken zu wollen: Ich habe aufgrund solch grausiger Vorfälle nie unter psychischen Problemen gelitten. Auch keiner meiner Kollegen, soweit ich das beurteilen kann. Heute wird dafür psychologische Betreuung angeboten, was ja okay ist. Die Frage nach dem Umgang mit schlimmen Bildern und Eindrücken ist aber erst in den vergangenen zehn bis fünfzehn Jahren so richtig aufgekommen, zuvor war das gar kein Thema.

Natürlich ist der Anblick von getöteten Menschen nichts Angenehmes. Ich hatte aber nie das Gefühl, deswegen etwa psychologische Hilfe in Anspruch nehmen zu müssen. So tragisch und dramatisch ein Mordgeschehen ist: Das Opfer ist tot und der Tod gehört zu unserem Dasein, Punktum. Bei einer Tatortbesichtigung sind alle voll und ganz auf die Täterermittlung fokussiert: Wer ist das Opfer, was sagen die Spuren, was könnte das Motiv sein und dergleichen ... Da wird ganz pragmatisch gearbeitet. Vielleicht tritt im Laufe der Zeit auch ein gewisser Gewöhnungseffekt ein.

FK Abstumpfung als Selbstschutz?

HP Bewusst jedenfalls nicht. Ich habe und hatte auch keine Albträume deswegen. Ich könnte aber nie das tun, was zum Beispiel Rettungs- und Feuerwehrkräfte leisten: Verunfallte, schwer verletzte und unter Schmerzen leidende Personen bergen. Dass da verschiedene Helfer Supervision und psychologische Betreuung in Anspruch nehmen, kann ich gut verstehen. Letztlich soll jeder und jede den Beruf wählen, den er/sie auch ausüben kann.

Ganz anders sieht die Sache bei Angehörigen von Mordopfern aus: Speziell für Kinder und für lieb gewonnene, nahestehende Personen ist ein Mordfall immer eine ganz schwere Belastung, das ist unbestritten und wird auch von der Polizei nicht ausgeblendet. Dafür gibt es mittlerweile auch die Einrichtung des Kriseninterventionsteams in allen Bundesländern.

FK Und der ständige Umgang mit Mördern und Verbrechern – hast du das immer so einfach wegstecken können? Ich möchte dir dazu gerne eine passende Stelle aus dem Kriminalroman *Der Schwanz der Schlange* des kubanischen Autors Leonardo Padura vorlesen: »Er hatte auch gelernt, dass der Polizeiberuf eine schmutzige Arbeit mit Nebenwirkungen ist: Jeden Tag mit Mördern und Dieben, Betrügern und Vergewaltigern umzugehen, führt am Ende dazu, dass man ein düsteres Bild vom Leben bekommt und die Hände einen Geruch nach Scheiße annehmen, der auch mit den schärfsten Scheuermitteln nicht verschwindet.« Das sagt El Conde, der Ermittler in diesem Krimi, über sich selbst. Empfindest du ähnlich?

HP Der Umgang mit Mördern ist für mich zuerst einmal höchst interessant und aufschlussreich. Diese Menschen sind keine Vampire und Schlächter. Die meisten sind eigentlich bedauernswerte Individuen, wenn auch manche recht unberechenbar und mit Vorsicht zu genießen sind. Oft ergibt es sich, dass im Verlauf der

Einvernahme solcherlei Befürchtungen in den Hintergrund treten, weil sich zwischen dem vernehmenden Beamten und dem Verdächtigen ein eigentlich vernünftiges Gespräch entwickelt.

Wahrhaft erschreckend ist für mich eher, wie viele Rechtsbrecher nicht konfliktlösungsfähig sind und kein Unrechtsbewusstsein haben. Wie schon aus geringstem Anlass oder wegen eines kleinen materiellen Vorteils schwere Delikte bis hin zum Mord verübt werden. Ganz besonders spielt da der Narzissmus eine Rolle, worüber ja Dr. Reinhard Haller, der bekannte Psychotherapeut und psychiatrische Gerichtsgutachter, ein Buch geschrieben hat.

FK Du hast also nie Bedarf an professionellen psychologischen Betreuern gehabt. Aber vielleicht gab es doch Hilfe und Unterstützung im privaten Bereich?

HP Meine persönliche Psychohygiene habe ich im Verständnis meiner Frau gefunden, die als Sozialarbeiterin ebenfalls die negativen Erscheinungen unserer Gesellschaft kennt. Nicht zuletzt waren es Gespräche mit Erfahrungs- und Meinungsaustausch im Kreise von Berufskollegen, gelegentlich auch in geselliger Runde.

FK Gesetzt den Fall, du hättest einmal in einer Mordtat ermitteln müssen, bei der das Opfer dir gut bekannt oder gar verwandt mit dir gewesen wäre – wie wärst du damit umgegangen?

HP Gottseidank ist mir so ein Fall erspart geblieben. Grundsätzlich möchte ich schon sagen, dass man, je näher die Beziehung zu einem Opfer ist, umso mehr davon berührt wird. Im Fall eines verwandtschaftlichen Verhältnisses hätte mein Chef die Bearbeitung sicher einem anderen Kollegen übertragen.

FK Gibt es diesbezüglich fixe Regeln oder liegt das im Ermessen des LKA-Leiters?

HP Der Chef hat einfach darauf zu achten, dass Ermittlungen objektiv geführt werden. Wäre zu befürchten, dass der Ermittler zu sehr persönlich involviert ist, würde man ihn von der Bearbeitung des Falls ausschließen. Solches ist aber an meiner Dienststelle nie zur Diskussion gestanden.

FK Und erst recht ist ein solches Abziehen vom Fall angebracht, wenn der Ermittler ein Naheverhältnis zum Täter hat, oder?

HP Ja, keine Frage, das wäre ein eindeutiger Befangenheitsgrund.

FK Aber gab es denn Situationen, wo über das berufliche Engagement hinaus der Chefinspektor sich auch persönlich einbrachte – indem er sich zum Beispiel um Opfer von Verbrechen kümmerte?

HP Da kann ich einen ganz konkreten Fall anführen, in dem ich mich tatsächlich für Hinterbliebene verwendet habe. Meine daraus resultierende Beziehung zu den Kindern einer Ermordeten besteht bis heute.

An einem Abend im März 1993 brachte ein Sticker aus Lustenau die in seinem Betrieb beschäftigte Nejla K. zu ihrer Wohnung in Fußach, um ihr die Funktionsweise ihres neu gekauften Kühlschrankes zu erklären. Der Sticker, der auch der Vermieter der Wohnung war, unterstützte die Frau, weil sie eine verlässliche und angenehme Arbeiterin war. Nachdem der Sticker die Wohnung verlassen hatte, warf Nejlas Mann ihr ein Naheverhältnis zum Arbeitgeber vor. Zwischen den Eheleuten entstand eine lautstarke Auseinandersetzung. In der Wohnung waren auch ihre Kinder B. und N. anwesend. Im Verlauf des Streites zog der Mann die Frau aus der Wohnung im 1. Stock über die Stiege ins Freie und fügte ihr 18 Stiche in den Oberkörper zu. Die Kinder mussten das ganze Geschehen miterleben. Die Frau verstarb wenig später im Krankenhaus. Der Vater war geflüchtet und konnte im Zuge einer sofortigen Alarmfahndung festgenommen werden.

Wie die damaligen Ermittlungen ergaben, hatte die Frau versucht, die hiesigen gesellschaftlichen Gepflogenheiten anzunehmen und sich zu integrieren, was ihr Mann nicht verstehen konnte. Zurück blieben der neun Jahre alte Bub und das zwölfjährige Mädchen. Es gab keine Verwandten in der näheren Umgebung, lediglich einige entfernte Verwandte in Deutschland und in der Türkei. Plötzlich tauchten aber Verwandte aus der Familie des verhafteten Vaters auf, die die Kinder zu sich in die Türkei holen wollten. Man stelle sich vor, die traumatisierten Kinder nach diesem grausigen Erlebnis ohne jegliche psychologische Betreuung bei den Verwandten des Täters in der Türkei! Mir haben diese Kinder echt leidgetan und ich habe mich dafür eingesetzt, dass sie nicht in die Türkei mussten, sondern in einer Kinderdorffamilie im SOS-Kinderdorf Dornbirn Aufnahme fanden. Das Mädchen hat später in der HAK-Abendschule in Bregenz maturiert und der Junge die Hotelfachschule in Bezau abgeschlossen. Danach hat er noch an der HAK Bregenz maturiert. Heute übt er einen guten Job als Mechatroniker in Liechtenstein aus. Ich habe beide privat unterstützt, solange sie noch klein waren, und habe bis heute mit ihnen Kontakt. Und N., die mittlerweile junge Dame, gratuliert mir bis heute pünktlich zum Geburtstag.

FK Bist du eigentlich selbst einmal Opfer eines Verbrechens geworden?

HP Das Einzige, was mir dazu einfällt, ist ein versuchter Taschendiebstahl, der sich vor vier, fünf Jahren in Barcelona zugetragen hat. Meine Frau und ich schlenderten an einem Märznachmittag durch eine enge Gasse seitlich der Las Ramblas. Die Gasse war menschenleer. An meinem beigen Blouson hatte ich alle Reißverschlüsse der Innen- und Außentaschen im Hinblick auf etwaige Taschendiebe zugezogen. Meine Frau telefonierte gerade mit ihrem Vater zu Hause und war erkennbar abgelenkt, als uns zwei junge Männer entgegenkamen. Beide waren adrett gekleidet, sprachen laut miteinander und vermittelten einen fröhlichen, unauffälligen und ungenierten Eindruck. Als wir uns auf ca. einen Meter Entfernung angenähert hatten, grüßten sie uns freundlich, wobei einer der beiden seine rechte Hand zum »Give me five«-Zeichen hob. In einer gewissen Unbekümmertheit erwiderte ich mit derselben Geste. In diesem Augenblick verspürte ich eine Berührung am Oberkörper. Der junge Mann wollte offenbar mit seiner freien linken Hand in meine Blousontasche greifen, was ihm nicht gelang, weil sie verschlossen war. Ich realisierte, dass es sich hier um einen Taschendieb handelte, ließ seine »Give me five«-Hand nicht mehr los und drehte seinen ganzen Arm in Kopfhöhe zur Seite. So hatte ich ihn fixiert, wusste nun aber nicht mehr, was ich mit ihm anfangen sollte. Sein Begleiter war ob meiner überraschenden Reaktion zur Seite gesprungen, meine Frau war immer noch am Telefonieren. Der junge Mann rief verängstigt »sorry, sorry«, und da von ihm keine Gegenwehr ausging, wollte ich nicht länger auf ihn einwirken. Die Polizei wegen eines versuchten Taschendiebstahls zu rufen, ist in Barcelona wohl schon fast eine Amtsbeleidigung. Daher stieß ich ihn von mir weg und bedeutete den beiden, sie sollten verschwinden, was sie auch taten. Das Ganze lief blitzschnell ab und meine Frau fragte mich nach dem Telefongespräch, weshalb ich so unfreundlich mit den Burschen umgegangen sei. Sie hatte den Ernst der Situation gar nicht mitgekriegt ...

FK Tja, da war ich leider nicht so erfolgreich. Bei meinem jüngsten Barcelonabesuch hat man mir die Geldtasche so geschickt aus der Jackentasche geklaut, dass ich gar nicht in die Situation kam, mich zu wehren. Aber apropos wehren: Polizisten tragen im Außendienst ja immer eine Dienstwaffe. Könntest du etwas über den Umgang mit der berühmten Glock erzählen? Insbesondere interessiert mich, ob die Waffe gesichert oder ungesichert getragen wird. In Kriminalfilmen ist ja meistens zu sehen, dass die Beamten zuerst lautstark die Waffe entsichern, indem sie den Schlitten zurückziehen. Entspricht das der Realität?

HP Nein, ganz und gar nicht. Die Dienstpistole Glock wird von allen Polizeibeamten geladen und entsichert mitgeführt, das ist Vorschrift. Es geht hauptsächlich darum, im Waffengebrauchsfall, insbesondere in einer Notwehrsituation, so schnell wie möglich schießen zu können. Man muss nur mehr mit dem Zeigefinger den Abzug betätigen und der Schuss geht los. Wir kennen Fälle, und das nicht nur in Amerika, sondern auch bei uns in Europa, wo z. B. Autolenker bei einer Kontrolle ins Handschuhfach griffen, eine Handfeuerwaffe herauszogen und sofort und überraschend auf den Polizisten schossen. Darum müssen in verschiedenen

Staaten in den USA die Fahrzeuglenker im Falle einer Anhaltung durch die Polizei die Hände ans Lenkrad legen. Das ist jetzt ein extremes Beispiel. Aber auch in allen anderen Waffengebrauchsfällen wäre es hinderlich, wenn zuerst der Schlitten zurückgezogen, also durchgeladen, werden müsste. In dieser Zeit könnte ein bewaffneter Verbrecher mehrere Schüsse abgeben. Und was wäre, wenn die andere Hand nicht frei ist, um durchzuladen, weil ich in ihr eine Taschenlampe oder das Funkgerät halte?

Die uniformierten Bundespolizisten – nicht so die Gendarmen – mussten in den 70er-Jahren eine Zeit lang ihre Dienstpistole, es war die etwas kleinere Pistole Walther PPK, Kaliber 7,65 mm, äußerlich nicht sichtbar unter dem Uniformrock am Gürtel tragen, um freundlicher und deeskalierender zu wirken. Das hatte aber nicht den gewünschten Effekt und wurde wieder eingestellt.

Nach meiner persönlichen Meinung hat das Durchladen einer Pistole in den Kriminal- und Gangsterfilmen einen rein reißerischen oder dramatisierenden Effekt. Wir kennen alle die Filmszenen, in denen in der Stille ein Pistolenschlitten zurückgezogen wird und dann mit dem entsprechenden Geräusch nach vorne schnellt. Damit wird Spannung erzeugt und drückt irgendwie Entschlossenheit und Gefahr aus. Genauso das Repetieren eines Gewehrverschlusses oder das Klicken beim Spannen eines Revolverabzugs.

FK Wie oft bist du eigentlich in die Situation gekommen, die Schusswaffe einsetzen zu müssen? Hast du jemals auf jemanden schießen müssen – und wenn ja, welche Auswirkungen hatte das auf dich?

HP Gottseidank bin ich nie in eine solche Lage gekommen. Der einzige Schusswaffengebrauch waren Warnschüsse, die ich wegen eines flüchtenden Einbrechers abgegeben habe. Ein Kollege und ich waren eines Nachts als Zivilstreife im Raum Fußach in Sachen Rotlichtkriminalität unterwegs. Da wurde im Funk ein Einbruchsalarm in einem Gewerbebetrieb durchgegeben. Wir waren zufällig in der Nähe des Objektes, und als wir uns näherten, sprang ein Einbrecher aus einem Fenster und flüchtete im Nebel Richtung Rhein. Trotz unserer Rufe blieb er nicht stehen. Daraufhin habe ich drei Schüsse in den Grasboden abgegeben. Um etwa gezielte Schüsse auf die Beine des Einbrechers abgeben zu können, war die Sicht zu schlecht, die Situation zu riskant. So ist der Einbrecher im Nebel verschwunden und unbekannt geblieben.

Beim Einschreiten gegen Zuhälter, zum Beispiel bei nächtlichen Kontrollaktionen, sind wir manchmal schon mit der Hand am Pistolengriff vorgegangen. Die Zuhälter waren damals alle bewaffnet. Sehr beliebt waren bei ihnen abgesägte Schrotflinten, die Pumpguns. Es war in manchen Situationen erforderlich zu signalisieren: Wenn ihr Waffen einsetzt oder versucht, euch einer Verhaftung zu entziehen, dann habt ihr mit erheblichen Konsequenzen, eben möglicherweise mit Schusswaffengebrauch unsererseits, zu rechnen. In erster Linie galt das aber dem Selbstschutz, denn einige der Zuhälter waren aufgrund ihres Alkohol-, Medikamenten- und Drogenmissbrauchs im Kopf völlig kaputt und unberechenbar geworden.

Ähnliches ist unlängst, am 6. 11. 2017, in Lauterach geschehen, als ein bereits am Vormittag stark betrunkener Mann in seiner Wohnung mit einem Messer auf einen der zwei einschreitenden Polizisten losging, der diesen Angriff mit einem Schuss abwehrte. Der Angreifer verstarb an der Schussverletzung. Die Lebensgefährtin des Mannes hatte die Polizei gerufen, da der Mann mit dem Messer wohl gefährlich war.

FK Kann man den Messerangriff eines offenbar stark Betrunkenen nicht auch durch einen Schuss ins Bein oder in den Arm abwehren? Stellt sich da nicht die Frage nach der Verhältnismäßigkeit der Mittel? Ich meine, ich kenne ja nicht die genaueren Umstände und die Gefährlichkeit des konkreten Angriffs – aber wozu müssen Polizisten regelmäßig ein Schießtraining absolvieren, wenn sie dann im Verteidigungsfall gleich auf Herz oder Kopf zielen?

HP Wer sagt denn, was den angesprochenen Schusswaffengebrauch in Lauterach betrifft, dass der Polizist auf Herz oder Kopf gezielt hat? Oder dass in anderen Waffengebrauchsfällen immer gleich auf Herz und Kopf gezielt wird? In den Medien war beim Lauteracher Fall von einem Bauchschuss die Rede. Bei einem Messerangriff bestehen meistens ganz kurze Distanzen zwischen Angreifer und Polizist, letztlich vielleicht nicht mehr als eine Armlänge. Wahrscheinlich – und darauf deuten ein oder auch vielleicht mehrere Schüsse in den Bauch hin – hatte der Polizist überhaupt keine Zeit mehr zu zielen. Vielleicht konnte er nur mehr die Waffe ziehen und abdrücken. Da bewährt es sich, dass die Waffe entsichert ist. Bis sie durchgeladen wäre, hätte der Angreifer längst schon zugestochen. Das spielt sich meist in Sekundenschnelle ab, da bleibt keine Zeit zum Zielen. Ich vermute, dass es eine Notwehrsituation war. Wie gesagt: Man muss schon sehr genau wissen, wie so ein Geschehen zustande gekommen und abgelaufen ist. Außerdem macht ein Schuss ins Bein oder in den Arm den Angreifer nicht immer gleich angriffsunfähig. Es gibt genügend Beispiele, dass Schussabgaben vorerst keine Wirkung zeigten. Ferndiagnosen und Mutmaßungen sind also hier, wie in anderen Bereichen auch, nicht zweckmäßig. Das Waffengebrauchsgesetz sieht im Übrigen ganz eindeutig die Verhältnismäßigkeit beim Einsatz von Schusswaffen vor.

FK Und diese Verhältnismäßigkeit wird ja nach einem Schusswaffengebrauch im Nachhinein immer untersucht, oder?

HP Richtig, jeder Waffengebrauch ist der Polizeidirektion zu melden. Wenn Verletzungen oder ein Todesfall vorliegen, also ein strafrechtlicher Hintergrund damit verbunden ist, wird dies staatsanwaltschaftlich untersucht.

FK Es gibt manchmal auch die umgekehrte Situation, nämlich dass ein Polizist angeschossen wird. Ist so etwas zu deiner Zeit vorgekommen?

HP Ja, leider. Im Juli 1984 beging der 24 Jahre alte Rene W. einen Raubüberfall auf die Raiffeisenkasse Nenzing und flüchtete anschließend mit einem Pkw in das Gebiet Frastanz-Bazora. Im Zuge einer Großfahndung fuhr mein Kollege Hans Hefel in einem Dienstfahrzeug in dieses Gebiet und konnte den gesuchten Bankräuber in einem Wald auf der Bazora stellen. Rene W. gelang es, dem Kriminalbeamten die Dienstwaffe zu entreißen und er feuerte zwei Schüsse in den Rücken bzw. ins Gesäß des Beamten, als der sich über eine Böschung in Sicherheit bringen wollte. Hefel wurde schwer verletzt, kam aber mit dem Leben davon. Der Täter tauchte etwas später in Frastanz auf und konnte verhaftet werden. Es stellte sich heraus, dass er in Kärnten schon einmal auf einen Gendarmeriebeamten geschossen hatte, der ihn nach einem Einbruch festnehmen wollte.

FK Apropos Bankraub: Ich habe gehört, dass es in Vorarlberg einmal zur kuriosen Situation kam, dass zwei Bankräuber zur selben Zeit dieselbe Bank überfallen wollten. Warst du damit befasst?

HP Ja, weil damals – ich denke, es war Mitte oder Ende der Siebzigerjahre – Raubüberfälle noch von der sogenannten Gewaltdeliktsgruppe, einem frühen Vorläufer von Leib/Leben, bearbeitet wurden. Es ging um einen bewaffneten Überfall auf die Raiffeisenkasse in Braz im Klostertal. Eine Frau rief um die Mittagszeit bei der Gendarmerie an, weil ihr ein Mann in der Nähe der Bank verdächtig erschien. Die Gendarmerie rief daraufhin in der Bank an, um sich zu erkundigen, ob alles in Ordnung sei. Die Bankangestellte nahm das Telefon ab und bestätigte dies. Was erst später herauskam: Sie wurde zu dieser Auskunft durch einen Bankräuber genötigt, der gerade einen Überfall auf die Bank ausführte und sie mit vorgehaltener Pistole bedrohte! Nachdem er mit ca. 10.000 Schilling geflüchtet war, stellte sich heraus, dass der Verdächtige, wegen dem die Frau angerufen hatte, ebenfalls die Absicht gehabt hatte, die Raiffeisenkasse zu überfallen. Für mich wahrlich ein Jahrhundertzufall!

Kriminalist und Krimiautor –
die Entwicklung einer Beziehung

FK Lass uns doch ein wenig über unsere persönliche Beziehung reflektieren. Immerhin ist es kein Zufall, dass gerade wir zwei hier und heute dieses Gespräch führen. Wenn ich daran denke, wie alles begonnen hat, kann ich wohl mit Fug und Recht behaupten, dass sich unsere Beziehung im Verlauf der Jahre sehr stark verändert hat. Irgendwann im Jahr 2003 habe ich beim Landesgendarmeriekommando – so hat das Landeskriminalamt (LKA) damals noch geheißen – angerufen und den Oberstleutnant Hardy Tschofen gefragt, ob ich, der angehende Kriminalschriftsteller, mit einem aktiven Ermittlungsbeamten der Abteilung Leib und Leben (im Volksmund die Mordkommission) über diverse kriminaltechnische und strukturelle Fragen, die den Vorarlberger Polizeiapparat betrafen, sprechen könnte. Ich arbeitete damals ja gerade an meinem ersten Kriminalroman, der ein Jahr später unter dem Titel *Heimkehr* erscheinen sollte. Der Oberstleutnant hat mich – nach einem kleinen Check, meine Person betreffend – zurückgerufen und mich an einen gewissen Chefinspektor Poiger verwiesen, dieser würde mir zur Verfügung stehen. Als ich das erste Mal bei dir auftauchte, warst du – sagen wir es einmal so – reichlich reserviert; vermutlich hast du dir gedacht: Was soll ich schon wieder so einem, der von meiner Arbeit null Ahnung hat, Rede und Antwort stehen. Hab ich nichts Besseres zu tun?

HP Da liegst du nicht weit daneben. Aber bald hat deine Persönlichkeit mein Interesse geweckt. Es waren vor dir schon andere Leute bei mir, die erklärten, Kriminalromane schreiben zu wollen. Es stellte sich aber meist heraus, dass das eher fromme Wünsche waren.

FK Deine Reserviertheit mir gegenüber hast du tatsächlich schnell abgelegt. Die folgenden Gespräche wurden nicht mehr bei dir im Amt, sondern in irgendeinem Wirtshaus unseres Vertrauens, vorzugsweise im Gasthof Sternen in Rankweil, geführt. Das alleine hat schon dazu beigetragen, dass die anfängliche Sprödigkeit bald einer durchaus flüssigen Konversation wich. Oder wie siehst du das?

HP Natürlich habe ich darüber auch schon öfters nachgedacht. Immerhin treffen wir uns jetzt schon seit vielen Jahren gemeinsam beim sonntäglichen Frühschoppen, und vor Kurzem haben wir sogar gemeinsam Kuba bereist, im selben Zimmer geschlafen. Wir haben vorher die Regeln ausgemacht – ich war der Beiwagen, du der Organisator – und alles hat funktioniert. Also, der wesentlichste Punkt ist: dass ich zu dir Vertrauen habe, dass ich das Gefühl habe, mich auf dich verlassen zu können. Außerdem ist deine Weltsicht und Einstellung wahnsinnig anregend. Du bist schon ein ordentliches Alphatier – damit kann ich aber gut umgehen. Eine Eigenschaft von mir ist, dass ich länger brauche, um mir eine Meinung zu bilden, während du sofort umfassend argumentieren kannst.

FK Das erste Mal habe ich unsere gemeinsame Wellenlänge wahrgenommen, als wir uns am Bahnhof von Bregenz nach einem Gespräch im dortigen Bahnhofsresti – das wunderbarerweise »Zum Hans« heißt – herzlich voneinander verabschiedeten und ich zu einem zweimonatigen Schreibaufenthalt nach Chios aufbrach. Da waren wir schon fast auf der Freundschaftsebene angekommen, und das nach recht kurzer Zeit. Vor allem wenn man bedenkt, dass du so ziemlich der erste Polizist warst, mit dem ich überhaupt ins Gespräch gekommen bin. Meine Beziehung zur Polizei war ja vor allem in meiner Salzburger Studentenzeit eher unterkühlt.

HP Wieso das?

FK Als Mitglied von Amnesty International habe ich damals häufig demonstriert, unter anderem vor dem sowjetischen Konsulat. Dabei wurden wir ständig von der Staatspolizei observiert oder von Streifenpolizisten blöd angeredet, die Salzburger Polizei hatte damals überhaupt einen schlechten, um nicht zu sagen reaktionären Ruf. Ständig wurden wir kontrolliert und hingestellt, als wären wir Staatsfeinde – obwohl wir nur für Freiheit und Demokratie eintraten, mit ausschließlich friedlichen Mitteln, und noch dazu gegen die sowjetischen Kommunisten. Es war fast so, als ob die Polizisten mehr mit den Russen sympathisierten als mit uns, jedenfalls in unserer Wahrnehmung. Und ins Gespräch kamen wir nie mit ihnen ...

HP Da bist du allerdings nur mit einem kleinen Teil des Polizeiapparats in Kontakt gekommen. Ich gebe auch zu bedenken, dass sich seit damals viel getan hat. Früher war das Protestieren eher verpönt, heute hat es eine weitaus größere gesellschaftliche Akzeptanz. Selbst Mitglieder des Schwarzen Blocks oder Identitäre sind von der Polizei zu schützen, wenn sie eine Demonstration ordnungsgemäß anmelden. Damit kommt man mitunter an die Grenzen der Belastbarkeit und vielleicht auch an die Grenzen der Demokratie.

FK Mag schon sein. Ich habe meine Salzburger Erlebnisse auch nur deshalb erwähnt, um hervorzuheben, dass trotz meines früheren eher negativen Bildes von der Polizei sich unsere Beziehung überraschend schnell positiv entwickelt hat.

HP Das war auch sehr vertrauensbildend für mich: dass du kein fanatischer Linker, kein Destruktiver bist, sondern ein humanistisch Geprägter. Mich reizt es immer, die andere Seite zu hören. Man muss ja erst etwas umfassend kennen, damit man es versteht. Darum gefällt mir auch unsere Frühschoppenrunde so gut – es ist nach all diesen Jahren immer noch sehr bereichernd für mich. Und du bist ein Mensch, der auch andere Meinungen grundsätzlich akzeptiert ...

FK Sagen wir lieber »ernst nimmt« statt »akzeptiert« – akzeptieren tu ich nicht alles ...

HP ... der sie jedenfalls lieber hinterfragt, anstatt sie herunterzumachen.

FK Das Hinterfragen der eigenen Position habe ich auch bei dir früh konstatiert und als wohltuend empfunden. Gerade bei einem Polizisten, der unter anderem auch die Strenge und Autorität des Staates zu vertreten hat, ist eine solche Haltung – das unterstelle ich einmal – keine Selbstverständlichkeit. Im Zuge dieser »Einvernahme« habe ich aber erst begriffen, dass deine Empathiefähigkeit auch ein wesentlicher Teil deiner beruflichen Qualifikation war.

HP Nun, ich habe den Beruf sicher nicht gewählt, um ausgestattet mit staatlicher Autorität Zwangsmittel ausüben zu können und dadurch eine persönliche Bestätigung zu erhalten. Es gibt ja die Meinung, dass sich mancher so richtig erst über seine Uniform definiert. Ich erinnere in diesem Zusammenhang an das uralte Image des Gendarmen, der ständig beanstandet, verfolgt und zurechtweist, also mit aller Strenge für Ruhe und Ordnung sorgt. Aber wir Polizisten bzw. Kriminalisten sind keine Sheriffs eines Privatunternehmers, sondern vom Steuerzahler bezahlte Staatsorgane. Ich habe die Erfahrung gemacht, dass man in unserer Gesellschaft mit Empathie in allen Bereichen gut vorankommt. In autoritären Gesellschaften wird naturgemäß eher autoritäres Vorgehen vorherrschen.

Mir drängt sich in diesem Zusammenhang eine Frage an dich auf, denn ich habe im Laufe unserer Kontakte und nun während unseres Gesprächs verschiedentlich den Eindruck gewonnen, dass du ein etwas kritisches Bild vom Polizeiberuf hast. Abgesehen von den schon erwähnten Erfahrungen als Amnesty-International-Demonstrant während deiner Studentenzeit in Salzburg – hast du auch sonst schlechte Erfahrungen mit der Exekutive gemacht?

FK Na endlich! Endlich wird der Großinquisitor selbst zum peinlich Befragten! Also gut, lass mich versuchen, ehrlich zu antworten. Meine schlechteste Erfahrung mit der Polizei, nein, eigentlich nur mit einem einzelnen Polizisten, machte ich während eines Besuchs in meiner oberösterreichischen Heimat irgendwann Ende der Neunzehnhundertsiebzigerjahre, jedenfalls noch während meiner Studentenzeit. Mein Vater hatte mich gebeten, ihn nach seiner feucht-fröhlichen Stammtischrunde im Gasthaus Manner in Perg mit dem Auto abzuholen. Ich stieß zu der Runde, noch ehe sie zu Ende war. Es wurde viel politisiert, will heißen gestänkert und gemotzt. Weniger gegen die da oben als gegen die da unten. Unter anderem war auch mein reicher Onkel und Firmpate mit von der Partie. Er war dem Alkohol nicht abgeneigt und vergaß im Rausch mitunter auf demokratische Usancen, fiel zurück auf eher braune Argumentationsmuster. Aber immerhin war er schlau genug, sich einen befreundeten Polizisten als Chauffeur zu halten. Der Polizist wurde also dafür entlohnt, dass er den illuminierten Onkel nach dem jeweiligen Besäufnis in dessen Mercedes nach Hause brachte. Ungeachtet dessen, wie viel er, der Herr Inspektor, selbst schon intus hatte. Aber wer hätte einen alkoholisierten Polizisten schon blasen lassen? Nie werde ich vergessen, wie dieser Polizist mich, der ich zaghaft Einspruch erhob gegen die besoffenen Sprüche über Sozis und Neger und Tschuschen, zurechtwies: »Werde erst einmal was, Franzi, werde erst einmal ein großer Unternehmer wie dein Onkel, dann schauen wir weiter ...« Für mich verkörperte dieser kleine Polizist die offiziell akzeptierte Sicht auf das Wesentliche, auf das Große und Ganze. Natürlich ist es ungerecht, eine solche Haltung als stellvertretend für die Polizei als solche zu sehen. Aber damals, da bin ich mir ganz sicher, war das keine Einzelmeinung. Damals diktierten diese Herrschaften in Dorf und Stadt, wie Herrschaft funktioniert. So kam ich wohl zu meinem vorerst recht negativen Bild vom Polizisten und Gendarmen.

HP Ich kann sehr gut nachvollziehen, dass dieses Ereignis für dich erniedrigend oder beleidigend war und so etwas wie ein Schlüsselerlebnis darstellt. Ich möchte das überhaupt nicht beschönigen, so ein Verhalten verurteile auch ich.

FK Aber? Ich höre da ein Aber heraus.

HP Aber du hast ja selbst eingeräumt, dass es unfair wäre, aufgrund dieses Erlebnisses für immer und ewig ein negatives Bild von der Polizei zu zeichnen. Polizisten und Gendarmen fallen nicht vom Himmel, sie sind Menschen, Bürger dieser Gesellschaft. Insofern finde ich es gut, wenn du durch die Kriminalschriftstellerei einen tieferen Einblick in die reale Polizeiarbeit bekommen hast.

FK Das habe ich bestimmt, und vor allem dank deiner Hilfe.

HP Was war überhaupt deine Motivation, gerade Kriminalromane zu schreiben? Warum nicht andere Literatur?

FK Bei dieser Frage muss ich ein bisschen ausholen. Mein erster Kontakt mit dem Genre Krimi war vollkommen unbeabsichtigt und unvorhersehbar. Ich saß, während meine Frau mit unseren zwei Töchtern am Strand lag, auf der Terrasse des *Captain's House* auf Zakynthos und arbeitete, wie ich dachte, an einer Kurzgeschichte über eine gescheiterte Schriftstellerexistenz. Bis ich merkte, dass diese Geschichte mit all ihrer obsessiven Aggression, mit ihrer bösen Verstricktheit das Potenzial zu einem veritablen Kriminalroman hatte. Die Zikaden im Weinblätterdach über mir tobten sich lautstark aus, und ich schrieb, fabulierte über das Schicksal eines Freundes in Vorarlberg. Eines Freundes, der mit seinen Eltern nicht klarkam, unter anderem deshalb, weil sie nie seinen Geburtstag gefeiert hatten. Der ewig Ungefeierte! Und der nicht wollte, dass man ihn daraufhin ansprach. Ich widmete ihm meinen ersten publizierten Krimi, und er fragte mich: Wieso?

Heimkehr, so hieß mein erster Krimi nicht von ungefähr. In allen, die folgten, habe ich versucht, aktuelle, mich bewegende Themen zu verarbeiten. Abgesehen davon, dass ich auch einen Kurzgeschichten- und Lyrikband veröffentlichte, hat mich das Krimigenre besonders angesprochen, weil es klare formale Vorgaben bietet. Die Struktur des Kriminalromans erfordert ja, finde ich jedenfalls, mehr als jede andere literarische Gattung Disziplin und Konsequenz. Fäden, die gesponnen, Spuren, die – oft auch irreführend – gelegt werden, wollen im Auge behalten und aufgelöst werden. Die Einlösung des unausgesprochenen Versprechens gegenüber dem Leser, der Leserin! Mich hat diese strenge strukturelle Vorgabe immer fasziniert. Es ist, als würdest du dich dazu zwingen, selbst gestrickten Gesetzen Genüge zu tun, die sich, wie in meinem Fall, gleichzeitig an realen gesellschaftlichen Verhältnissen orientieren.

HP Apropos gesellschaftliche Verhältnisse: Jetzt, da du in unseren vielen Gesprächen wie auch in unserem Schriftverkehr Einblicke in den Kriminalitätsbereich und in die Arbeit eines Ländle-Kriminalers gewonnen hast – was macht das mit dir als Krimiautor, aber auch ganz allgemein als kritischer Beobachter unserer Gesellschaft?

FK Du fragst, was die reale Grauslichkeit zum Quadrat in mir auslöst, insbesondere dann, wenn ich sie so authentisch wie in deinen Schilderungen erlebe? Nun, *ich* frage mich mitunter, ob die opulente und permanente Darstellung von Verbrechen – sowohl in den Medien wie auch in Krimis und Thrillern – angesichts dessen, was zeitgleich an wahrhaft menschlichen Tragödien abläuft, uns letztlich nicht gegenüber der Gewalt abstumpft, immunisiert. Gerade die unglaubliche Häufung von gewalttriefenden Krimiserien im Fernsehen mit ihren oft platten Plots erscheint mir diesbezüglich gefährlicher als das geschriebene Wort, wo im Regelfall mehr reflektiert wird und unterschiedliche Perspektiven, auch jene der Täter, differenzierter gezeigt werden können. Andererseits mag aber für den Kriminalroman Ähnliches zutreffen wie für das ebenfalls mit Gewalt durchsetzte Märchen, vor dem man vor vierzig Jahren noch Kinder beschützen wollte, weil es dem kindlichen Gemüt womöglich Schaden zufügen könnte – eine kurzsichtige Denkweise, wie Bruno Bettelheim in seinem Buch *Kinder brauchen Märchen* überzeugend dargelegt hat. Letztlich siegt ja auch in den Krimis meistens das Gute, will heißen, der Kommissar oder der Staatsanwalt als Repräsentant der Moral. So gesehen könnte man den Kitzel, der durch die Beschreibung und Rezeption des fiktiven Bösen ausgelöst wird, sogar als potentes Ersatzmittel für die tatsächliche böse Tat betrachten. Wie auch immer: Was die Arbeit des realen Kriminalisten betrifft, hat sie mir, je länger ich mich durch unsere Kooperation damit beschäftigt habe, zunehmend mehr an Respekt abgenötigt. Und dass man trotz jahrzehntelanger Tätigkeit in diesem Bereich nicht zum Zyniker werden muss, hast du mir, werter Chefinspektor i. R., ebenfalls vermittelt.

II. Ein Schriftverkehr
über Gott und die Welt

Zeitgleich zur mündlichen »Einvernahme« tauschten Kabelka und Poiger sich auch mittels Mails aus, deren Themen durchaus inhaltliche Überschneidungen mit jenen des mündlichen Interviews aufweisen. Allerdings geht es hier weniger um konkrete kriminalistische Fallbeispiele als um grundsätzlichere Fragen ethisch-philosophischer Natur. Mitunter provoziert der Schriftsteller dabei den Kriminalisten mit scheinbar absurden Fragestellungen, um ihn so aus der Reserve zu locken. Die Möglichkeit, mit seinen schriftlichen Antworten nach Belieben zuzuwarten, erlaubt es dem Chefinspektor a. D., länger als während eines Interviews über eine Frage nachzudenken, weiter auszuholen und auch seinen eigenen beruflichen Werdegang Revue passieren zu lassen.

Das Böse, die Entscheidungsfreiheit und der Polizist

Kabelka an Poiger, 11. 8. 2017

Lieber Hans,
nächtens habe ich ein paar Fragen für dich formuliert, die sich mir in Zusammenhang mit unserem Projekt gestellt haben und die du, wenn du magst, schriftlich beantworten könntest:

    1. Glaubst du, in deiner Arbeit je dem »Bösen an sich« begegnet zu sein? Und was heißt das für dich: *das Böse?* Existiert es überhaupt, oder ist selbst die böseste, mieseste Tat letztlich nur

eine Ausgeburt einer (traurig-tragischen) Prägung? (Von wegen Freiheit des menschlichen Willens, Entscheidungsfreiheit ...)

2. Bist du im Rückblick froh darüber, den Polizistenberuf ergriffen zu haben? Hast du diese deine Entscheidung jemals bereut? Wenn ja, warum? Wenn nein, warum nicht?

3. Und – jetzt werden wir ein bisschen provokant – braucht es den Beruf des Polizisten überhaupt? Und wenn ja: nur als Korrektiv gewissermaßen? Als Regulativ dem Störenden, dem gesellschaftlich Oppositionellen gegenüber? Oder ist das Verbrechen (der Mord, die Vergewaltigung, das Delikt XY) ohne sein regulatives Pendant gar nicht erst wirksam? Sucht der Täter von vornherein den gegen ihn Ermittelnden, den Fahnder? Ist er ohne ihn quasi sinnentleert unterwegs?

Herzlich

Franz

Poiger an Kabelka, 20. 8. 2017

Lieber Franz,
hier meine Überlegungen zu deinen Fragen.

Das Böse

Wenngleich sich das Böse kaum definieren lässt, gehe ich davon aus, dass wir ziemlich der gleichen Auffassung sind, was böse ist oder als böse gilt. Du, als ehemaliger Ethiklehrer, wirst dich wohl schon vertiefend mit dieser Frage beschäftigt haben (ich vermute, dass daraus diese deine Frage an mich entstanden ist). So antworte ich mit einem ganz klaren Ja. Wir alle sind täglich in irgendeiner Form und in unterschiedlicher Intensität mit dem Bösen konfrontiert, ist doch das Böse ein Teil des menschlichen Daseins. Als Polizist oder Kriminalbeamter bist du natürlich intensiver damit befasst. Ich möchte sagen, meine berufliche Tätigkeit beschäftigte sich fast ausschließlich mit dem Bösen und seinen Folgen. Noch überspitzter gesagt: Das Böse war gewissermaßen meine Kundschaft.

Die große Frage ist, wieso und wie jemand Böses in eine Tat bzw. Tathandlung umsetzt. Wie geht der Mensch mit dem Bösen um? Sicher spielen dabei die genetische Prägung und bestimmte Eigenschaften wie Missgunst, Stolz, Neid, Unbeherrschtheit, Hass oder Eifersucht eine sehr große Rolle. Ebenso wird aber wohl auch von Bedeutung sein, wie oder in welchem Umfeld ein Mensch aufgewachsen ist. Wer waren seine Vorbilder, welche ethisch-moralischen Werte oder Inhalte hat er vermittelt bekommen, wie ist er moralisch geprägt worden?

Nach meiner Meinung ist das Böse mitunter berechtigt bis lebensnotwendig. Als Beispiel möchte ich die Notwehr anführen, die mir die Tötung eines anderen Menschen – von dem ein Angriff oder eine Aggression gegen Leib und Leben ausgeht – zur Rettung meines eigenen oder anderen Lebens einräumt.

In bestimmten Lebenssituationen kann es wahrscheinlich vorteilhaft bis geboten sein, wenn man nicht nur danke- und jasagend – also völlig »unböse« – durch die Welt geht.

Entscheidungsfreiheit

Damit wären wir schon bei der Entscheidungsfreiheit, die, wie ich meine, grundsätzlich besteht und allen Menschen gegeben ist. Nach meiner Auffassung ist die Entscheidungsfreiheit dann eingeschränkt, wenn das Gehirn nicht oder nicht mehr »normal« funktioniert, also organisch krank, eben geisteskrank, oder sonst irgendwie schwer beeinträchtigt ist, wie bei Schizophrenie, Demenz oder schweren Traumen, aber auch bei mechanischer Gewalteinwirkung.

Das sind natürlich alles Fragen und Themen, die Experten zu erhellen versuchen. Ich bin überzeugt davon und froh darüber, dass das nicht vollständig möglich ist. Wäre es möglich, die Entscheidungsfreiheit zu beeinflussen, würde das das ganze menschliche Gefüge, unser Dasein, ins Wanken bringen. Nach meiner

Ansicht können dazu nur vage Theorien erstellt werden. Ob diese zutreffend sind, bleibt offen – welche Instanz will das beurteilen?

Berufswahl

Mein Vater war Gendarm in Bludenz. Dadurch habe ich natürlich mitbekommen, wie die Arbeit eines Ordnungshüters aussieht. Das alleine hat mich nicht so sehr angesprochen. Zu jener Zeit wurden Kriminalbeamte, die in großen, spektakulären und geheimnisvollen Straftaten ermittelten, im Volksmund »Geheime« genannt. Das reizte und faszinierte mich, da wollte ich auch dazugehören. Ich wusste, dass das nur auf dem Weg über die Gendarmerieausbildung möglich war. So meldete ich mich mit Zustimmung meiner Eltern als Siebzehnjähriger zum Militärdienst, um möglichst früh in die Gendarmerieschule in Feldkirch-Gisingen aufgenommen zu werden. Mit 12 oder 13 Jahren hatte ich begonnen, Trompete zu spielen, und deshalb bewarb ich mich bei der Militärmusik. Dieser Dienst dauerte insgesamt zwölf Monate.

Nach der Gendarmerieschule wurde ich zum Gendarmerieposten Dornbirn versetzt, wo ich meine ersten Erfahrungen sammelte. Dabei interessierte ich mich vorwiegend für die kriminalistische Arbeit. Der Verkehrsdienst, und da wieder vor allem das Ausstellen von Organmandaten, war für mich ein Graus. Nach drei Jahren Dienst in Uniform eröffnete sich für mich die Chance, zur Erhebungsabteilung des Landesgendarmeriekommandos für Vorarlberg zu wechseln.

Dazu eine kleine Anekdote: Als ich 1971 vom Gendarmerieposten Dornbirn zur damaligen Erhebungsabteilung des Landesgendarmeriekommandos für Vorarlberg versetzt wurde, musste ich verschiedene Ausrüstungsgegenstände an das Bezirksgendarmeriekommando Dornbirn abgeben, unter anderem auch meinen Organmandatsblock. Der Organmandatsblock umfasste 50 Organmandatsformulare. Bei der Abgabe besaß ich immer noch meinen allerersten Block, und der enthielt nach drei Jahren immer noch rund die Hälfte der Organmandatsformulare. Dafür wurde ich vom damaligen Bezirkskommandanten ordentlich gerüffelt, denn manche Gendarmenkollegen verbrauchten mitunter in zwei Wochen einen ganzen Organmandatsblock.

Ich habe 37 Jahre lang beim – wie es heute heißt – Landeskriminalamt Vorarlberg gearbeitet, und das ausschließlich im Ermittlungsbereich Delikte gegen Leib und Leben. Ein Umstieg in einen anderen Ermittlungsbereich, wie z. B. Suchtgiftdelikte, Eigentumsdelikte, Raub, Betrug, Spurensicherung oder andere, ist für mich nie in Frage gekommen.

Ich wollte immer jene Taten verfolgen, bei denen Menschen unmittelbar an Leib und Leben geschädigt bzw. getötet werden. Tatmotive erforschen, menschliches Verhalten ergründen, versuchen Verhaltensweisen zu verstehen, in menschliche Abgründe und Probleme Einblick zu erhalten, war und ist für mich faszinierend und lehrreich. Dadurch habe ich unermessliche Erfahrungen über uns Menschen und unsere Gesellschaft gewonnen, was mir in vielen anderen Berufen vorenthalten geblieben wäre.

Selbstverständlich hat es Momente und Zeiten gegeben, in denen ich diesen Beruf verflucht habe. Die Arbeit war teilweise physisch und psychisch äußerst anstrengend und herausfordernd. Man wurde vielfach nur belogen, ungerechtfertigt unredlichen und verleumderischen Verhaltens bezichtigt, hat viel Zeit aufgrund einer falschen Entscheidung oder Schlussfolgerung vergeudet, oder es schlug einem überhaupt als Angehörigem der Exekutive Verachtung entgegen.

Der Beruf hat wohl einige Spuren oder Prägungen in mir hinterlassen, und zwar, wie ich meine, eine allgemein leicht erhöhte Vorsicht bzw. ein gewisses Misstrauen. Vor allem aber die Erkenntnis, dass, wie ein Spruch besagt, jede Medaille zwei Seiten hat. Auch dass es sehr ratsam ist, in allem Denken die Ursachen und Motive zu beachten.

Was ich retrospektiv aus meiner beruflichen Tätigkeit ins Alter mitnehme, könnte wohl am besten mit dem Begriff »innere Zufriedenheit« umschrieben werden.

»Braucht es die Polizei überhaupt?«

Mit Verlaub, würdest nicht *du* diese Frage stellen, würde ich darauf gar nicht reagieren! Aber andererseits: Ein wenig Provokation darf schon sein.

Ich könnte auch gleich die Gegenfrage stellen: Willst du die Anarchie? Oder glaubst du an das Paradies? Die Frage kommt bei mir so an, als würde man einen Mediziner fragen, ob der menschliche Organismus überhaupt weiße Blutkörperchen benötigt.

Es ist leider eine Tatsache, dass ein Teil der Menschen dazu neigt, grenzenlos destruktiv und böse zu sein, bis dem entweder Grenzen gesetzt werden oder gar die Selbstvernichtung eintritt wie aktuell beim IS.

Es gilt schon fast die Auffassung, es sei alles erlaubt, was nicht verboten ist. Der Tendenz, rücksichtslos alles für sich selbst Vorteilhafte herauszupicken und den Mitmenschen zu miss- und verachten, wird in zivilisierten Gesellschaften durch die Gesetzgebung entgegengewirkt. Die Gesetzgebung wiederum wird in vielen Bereichen von der Polizei vollzogen. Würde es das gesetzgebende und exekutive Regulativ nicht geben, hätten wir die Anarchie.

Insofern kann man in diesem Zusammenhang schon von einer korrektiven oder regulativen Funktion der Polizei sprechen, wobei – und das möchte ich nochmals betonen – die Gesetzgebung die Inhalte, die gesellschaftlichen Maßstäbe vorgibt und die Polizei das ausführende Organ ist.

Keinesfalls aber würde ich der Polizei eine Rolle als Regulativ dem gesellschaftlich Oppositionellen gegenüber zuerkennen. Es sei denn, der Polizeiapparat wird von Regimen so eingesetzt bzw. politisch missbraucht.

»Ist das Verbrechen ohne sein regulatives Pendant gar nicht erst wirksam?«

Lieber Franz: Noch ein Schäuferl Provokation, ich verstehe. Ich antworte zuerst mit der Gegenfrage: Wen soll denn die Polizei

verfolgen, wenn nicht die Verbrecher und Gesetzesbrecher? Die
»Braven« etwa? Tötung, Vergewaltigung und alle anderen Arten
von Verbrechen gibt es seit Menschengedenken, sie gehören zum
menschlichen Dasein. Erst das Verbrechen zieht polizeiliches
Handeln, Aufklärung, Verfolgung etc. nach sich. Also zuerst geschieht das Verbrechen, dann kommt die Polizei.

Es gibt schon Ereignisse, die womöglich zu deiner radikalen
Fragestellung führen könnten, wenn ich z. B. an die Randale des
G20-Treffens in Hamburg und andere ähnliche Erscheinungen
denke. Da wird tatsächlich teilweise versucht, die Polizei als
Verursacher der Ausschreitungen hinzustellen. Nach meiner
Meinung sind das einfach destruktive Kräfte.

Aber zurück zur Kriminalität. Zur Frage, ob der Täter von
vornherein den gegen ihn Ermittelnden sucht. Nun, ich persönlich habe keinen einzigen Täter erlebt, der ein Verbrechen begangen hätte, nur um die Polizei herauszufordern, um mit ihr
sozusagen Katz und Maus zu spielen. Es wird schon von solchen
Fällen berichtet, diese sind aber wohl die Ausnahme. Der Großteil
der Täter geht davon aus, dass sie nicht erwischt werden. Dazu
kommt, dass die meisten verurteilten und inhaftierten Täter sich
als zu Unrecht verurteilt sehen.

Wie du siehst, Franz, bin ich davon überzeugt, dass wir eine
Polizei brauchen. Im Idealfall eine neutrale, kompetente und pro-
fessionelle Polizei. Wer sollte denn sonst »das Böse« in Grenzen
halten? Die Religionen vielleicht? Dann hätten wir erst recht den
Pallawatsch beieinander. Religionskriege und religionsbedingte
Konflikte gibt es schon zur Genüge. Besorgniserregend, was sich
in Ländern wie Afghanistan oder Pakistan derzeit abspielt.

Nun aber genug philosophiert. Spannend und faszinierend
bleibt es immerhin, wenn sich ein Kriminalschriftsteller und ein
ehemaliger Kriminaler über solche Themen austauschen.

Stolz, Reue
und wichtige Eigenschaften eines Ermittlers

Kabelka an Poiger, 3. 11. 2017

Lieber Hans,
wieder einmal möchte ich dir ein paar (genauer: sieben, weil ich mich doch so gerne an biblische Vorgaben halte!) Fragen zu deinen Berufserfahrungen per Mail zukommen lassen. Meine Intention dahinter, ich gestehe: aus dir herauszukitzeln, was jenseits unserer bisherigen Gesprächsthemen vielleicht noch so alles an Unausgesprochenem, Unbedachtem in dir schlummert und darauf wartet, ans Tageslicht zu kommen. Dabei soll es nicht um plumpe, spekulative Superlative gehen nach dem Motto: »Was war dein schwierigster, was dein ungewöhnlichster Fall?« Fragen solcher Art eignen sich ja kaum jemals dafür zu ergründen, was die ganz alltägliche Antriebsfeder für einen Kriminalisten ist oder war (was, wie du sehr wohl weißt, ein zentrales Anliegen dieses unseres Projekts ist).

Wohlan, hier also meine Anfragen an den Chefinspektor i. R:
Rückblickend betrachtet: Gibt es einen Fall, der sich für dich heute völlig anders darstellt als zur Zeit der aktuellen Ermittlungen? Und, falls ja, warum?
Bist du auf einen Ermittlungserfolg besonders stolz? Und, falls ja, warum?
Bereust du deine Vorgangsweise in einem bestimmten Mordfall? Und falls ja … (Die Frage nach Reue bekommt ein ehemaliger Chefinspektor vermutlich selten zu hören. Dennoch: Bitte lass dich darauf ein!)
Welcher Mörder, welche Mörderin hat dich am ehesten an eigene Charakterzüge erinnert? (Tat dieser Gedanke gut, schmerzte er?)

Glaubst du an Karma und Wiedergeburt? (Frag nicht, was das mit deinen Berufserfahrungen zu tun hat – antworte einfach spontan!)

Welches Buch hat dich im Hinblick auf deinen Beruf am meisten beeinflusst?

Welche Eigenschaften muss deiner Meinung nach ein guter Ermittler unbedingt besitzen und welche sollte er tunlichst nicht haben?

So viel für heute. Du darfst dir gerne Zeit lassen mit deiner Antwort. Kein Chef, kein Staatsanwalt, der dich drängt. Nur die Zeit, die Zeit …

Herzlich dein

Franz

Poiger an Kabelka, 6. 11. 2017

Zu deinen Fragen im Detail:

Gibt es einen Fall, der sich für dich heute völlig anders darstellt als zur Zeit der aktuellen Ermittlungen? Und, falls ja, warum?

Vorweg möchte ich sozusagen ergänzend anführen, dass ich nicht nur mit Tötungsdelikten beschäftigt war, sondern mein Ermittlungsbereich, Delikte gegen Leib und Leben, auch alle Formen von Gefährdungen, Körperverletzungen (fahrlässig bis absichtlich), gefährliche Drohung, Nötigung, Erpressung, Leichenidentifizierung (Wasserleichen, am Bodensee nicht selten), vorgetäuschte Delikte, früher noch Sexualdelikte und andere umfasste. Eben alle Delikte, die gegen Leib und Leben gerichtet sind. Letztere beanspruchten den überwiegenden Teil meiner gesamten Arbeitszeit. Ich erwähne das, weil es in meinem Arbeitsleben und dem meiner Kollegen Hunderte von Fallbearbeitungen gab. Und wenn ich jetzt noch so angestrengt nachdenke, fällt mir nichts ein, wo ich sagen müsste: Das stellt sich mir heute ganz anders dar. Dass etwa ein Mordgeschehen nicht erkannt und als Suizid behandelt worden wäre. Ich kann mich an keinen Fall erinnern, bei dem ich heute eingestehen müsste: Eigentlich bin ich der Meinung, dass ein Tatgeschehen falsch verstanden wurde und in Wirklichkeit anders abgelaufen ist. Ich möchte darauf hinweisen, dass mit einem strafrechtlich zu verfolgenden Sachverhalt meist auch Staatsanwälte, Richter und Rechtsanwälte befasst sind, die eine Fehldarstellung sofort aufzeigen würden.

Das soll nun nicht heißen, dass ich absolut fehlerfrei gearbeitet habe, nein, nein. Selbstverständlich habe ich Fehleinschätzungen getroffen, wurden Personen überprüft, die, wie sich danach herausstellte, mit einer Sache nichts zu tun hatten. Vielleicht bin ich auch bisweilen von einem falsch angenommenen Motiv ausgegangen, habe Theorien übernommen, die sich nicht bestätigten und anderes mehr.

Wenn mich gelegentlich Gedanken an frühere schwere Straftaten beschäftigen, dann in der Hinsicht, ob wir nicht mit den heute zur Verfügung stehenden Mitteln die eine oder andere Straftat hätten klären können.

Bist du auf einen Ermittlungserfolg besonders stolz? Und, falls ja, warum?

Da lässt sich so einfach kein bestimmter Fall benennen. Viele völlig unspektakuläre Fälle verursachten oft großes Kopfzerbrechen und waren eine enorme Herausforderung. Insbesondere dann, wenn der Täter unbekannt war. Da konnte es dann schon auf eine zündende Idee ankommen. Außerdem spielen bei einem Ermittlungserfolg tatsächlich oft Glück und Zufall eine große Rolle. Das ist keine leere Floskel. Ebenso die Fehler, die Unkenntnis oder Schwächen eines Täters bzw. einer Täterin. Glück und Zufall und die Fehler anderer sind keine Leistung eines noch so gewieften Kriminalisten. Höchstens die Fähigkeit, solche zu erkennen.

Zum Thema »Glück und Zufall« fällt mir eine Episode ein, die zwar nichts mit kriminalistischer Leistung zu tun hat, wobei es aber zu einer sehr schnellen und unkomplizierten Festnahme eines Tatverdächtigen kam.

In Nüziders stürzte vor einigen Jahren ein junges Mädchen vom Balkon im zweiten Stock eines Wohngebäudes. Es wurde schwerstens verletzt, war querschnittgelähmt und dürfte heute noch dementsprechend schwer behindert sein. Uns gegenüber wurde das Geschehen als Unfall dargestellt. Es wurde behauptet, das Mädchen sei beim Reinigen eines Teppichs vom Balkon gestürzt.

Die ganze Geschichte erschien uns als äußerst dubios. Schließlich konnten wir ermitteln, dass der Sohn der Wohnungsinhaberin dem Mädchen gedroht hatte, dessen schönes, langes schwarzes Haar abzuschneiden, falls es sich weigere, ihn zu heiraten. Als der Sohn zu einer Schere griff und ihr tatsächlich die Haare abschneiden wollte, rannte sie in ihrer Verzweiflung auf den Balkon und stürzte sich über das Balkongeländer in die Tiefe. Aufgrund dieses Tatverdachts fuhren ein Kollege und ich zur betreffenden Wohnung und wollten den Tatverdächtigen zu einer Einvernahme abholen. Er war nicht anwesend, offenbar war er kurz vor unserem Eintreffen aus der Wohnung geflüchtet. Als der Kollege und ich mit unserem zivilen Dienstauto auf der Bundesstraße von Nüziders nach Bludenz zurückfuhren, sahen wir am rechten Straßenrand einen Autostopper. Im Vorbeifahren erkannten wir, dass es unser Tatverdächtiger war. Daraufhin wendeten wir unser Fahrzeug, fuhren zurück nach Nüziders und anschließend gleich wieder Richtung Bludenz. Unmittelbar vor dem Autostopper hielten wir an. Gleichzeitig öffnete ich vom Beifahrersitz aus die rechte hintere Fahrzeugtür. In der Meinung, er würde von einem zivilen Autofahrer mitgenommen, hüpfte der Tatverdächtige regelrecht ins Auto, worauf mein Kollege Gas gab und zum Polizeiinspektion Bludenz weiterfuhr – die schnellste Festnahme in meiner Dienstzeit!

Bereust du deine Vorgangsweise in einem bestimmten Mordfall? Und falls ja, …

Nein, weil ich mir sicher bin, alles überlegt und unternommen zu haben, was zur Zeit der jeweiligen Tat an Ermittlungsarbeit möglich war. Nicht nur ich, auch die Kollegen, mit denen ich zusammengearbeitet habe, haben sich über ungeklärte Fälle den Kopf zerbrochen und wir haben uns überlegt, ob auf die eine oder andere Weise noch eine Klärung herbeizuführen gewesen wäre. Ich hatte öfters Notizheft und Kuli auf dem Nachtkästchen liegen, um etwaige neue Ermittlungsansätze gleich notieren zu können, wenn ich mit Ermittlungsgedanken beschäftigt schlaflos im Bett lag.

In zwei oder drei Mordfällen habe ich noch nach Jahren neue Aspekte aufgegriffen, zum Beispiel durch nachträgliche DNA-Untersuchungen oder nochmalige Befragungen. Im Falle einer ungeklärten Sprengung eines Wohnwagens im Rotlichtmilieu in Bregenz waren wir der Meinung, ganz nah am Täter gewesen zu sein. Beweismäßig kamen wir leider nicht voran. In diesem Fall hat sich nach vielen Jahren ein Hinweis zur möglichen Herkunft des Sprengstoffes ergeben. Die Personen, die entsprechende Auskünfte dazu hätten geben können, konnten oder wollten sich an bestimmte Details nicht mehr erinnern. Es ist durchaus verständlich, wenn sich Zeugen nach zehn, zwanzig oder mehr Jahren an keine Details mehr erinnern können. Wenn eine Aussage nach so langer Zeit zu einer Täterausforschung und Verurteilung führen soll, muss sie geradezu todsicher sein.

Wiederum möchte ich einräumen, dass mir in umfangreichen Fallbearbeitungen sicher Fehler unterlaufen sind. Solche Fehler haben aber eine Klärung nie völlig verhindert oder unmöglich gemacht. Oft lassen sich Fehler auch reparieren, ohne das große Ganze zu gefährden.

Eines möchte ich in diesem Zusammenhang auch anmerken: Ich kann nicht heute, nach bald zehn Jahren im Ruhestand, etwas zu einem Mordfall in den Raum stellen, das neuerliche Untersuchungen erforderlich machen würde. Außer es wären wirklich ganz neue, bisher völlig unbekannte Fakten. Mich ärgert furchtbar, wenn Beteiligte und Unbeteiligte, Betroffene und andere – bis hin zu ehemaligen Kriminalbeamten – sich dazu berufen fühlen, zu einem mehrfach untersuchten Kriminalfall wieder und wieder irgendwelche Argumente und Theorien vorbringen zu müssen, die die Behörden zu aufwendigen Nach- und Neuuntersuchungen zwingen. Ein solches berühmtes Beispiel ist der Entführungsfall Natascha Kampusch, wo das Opfer ja selbst schon eindringlich öffentlich gebeten hat, ihr Entführungsdrama endlich zu glauben und die Einzeltätertheorie zu akzeptieren.

**Welcher Mörder, welche Mörderin hat dich
am ehesten an eigene Charakterzüge erinnert?
Tat das gut, oder schmerzte es?**
Weder noch. Diese Frage habe ich mir und hat sich mir noch nie gestellt. Alle Menschen haben unterschiedliche Charaktereigenschaften bzw. Charakterzüge, gute wie auch schlechte. Die verschiedenen Charaktereigenschaften sind nur unterschiedlich stark ausgeprägt. Mörder oder Mörderinnen weisen, so sagt die Kriminalpsychologie, fast durchwegs übermäßig narzisstische Eigenschaften auf.

Ich habe sehr wohl Mörder/Mörderinnen genau beobachtet und mir Gedanken gemacht, wie sie ticken. Was ist das für ein Mensch, was für Eigenschaften hat er oder eben nicht? Man will sich ja ein Bild von einem Beschuldigten machen, um mit ihm so gut es geht kommunizieren zu können. Wie man sagt: einen guten Draht herstellen. Das ist eigentlich die erste Voraussetzung für eine Vernehmung. Dass ich mir aber dabei jemals Gedanken gemacht hätte, der oder die sei gleich oder ähnlich wie ich, war nie der Fall. Ich habe nie eine solche Abwägung getroffen oder eine derartige Empfindung gehabt, zumindest nicht bewusst. Mir ist es öfters gelungen, mit Personen miesesten Charakters eine gute Gesprächsbasis herzustellen. Habe ich deswegen auch einen miesen Charakter?

Es kann selbst ein Mensch mit den besten Charaktereigenschaften einen Mord verüben, begangen durch eine irregeleitete Überzeugung. Zum Beispiel die Krankenschwester, die einen leidenden alten Menschen durch Verabreichung einer Medikamentenüberdosis von seinem Leiden erlösen will. Oder Väter und Mütter, die sogar ihre eigenen Kinder töten, um sie vor dem Bösen auf dieser Erde zu schützen.

Glaubst du an Karma und Wiedergeburt?
Nein, ich glaube nicht an Karma und Wiedergeburt. Ich habe mich nicht tiefer mit diesem Thema beschäftigt, wenngleich es in meiner nächsten Umgebung Beziehungen nach Indien gibt und ich über die Kulturen in Indien gehört und gelesen habe. Diese religiösen Ideologien entsprechen einfach nicht meinem Grundverständnis vom Menschsein. Ich gehöre der abendländischen Kultur an und bin von meiner familiären Herkunft her christlich geprägt.

Welches Buch hat dich im Hinblick auf deinen Beruf am meisten beeinflusst?
Ein spezielles Buch, das mich beruflich beeinflusst hat und sich sozusagen direkt auf meine Berufsausübung ausgewirkt hat, kann ich nicht nennen. Eher waren es die Summe von Fachausbildungslehrgängen bei Gendarmerie und Polizei wie auch diverse Seminare und Fachliteratur, die meine theoretische Berufsausbildung beförderten.

Mein allererstes Fachbuch war eine dicke, schwarze und damals schon alte Schwarte des bekannten österreichischen Kriminologen Hans Gross. Dieses Buch habe ich von meinem Vater zur Gendarmerieschulzeit bekommen und gelesen. Wahrscheinlich habe ich damals noch nicht alles verstanden. Weiters Publikationen von Mark Benecke, Seminare bei Thomas Müller, gerichtsmedizinische Seminare und nicht zuletzt die Bücher von Reinhard Haller.

Wenn du mich nach dem zuletzt von mir gelesenen Kriminalschriftsteller gefragt hättest, hätte ich einen gewissen Franz Kabelka genannt. Ich bin kein begeisterter Leser von Kriminalromanen, dazu bin ich zu sehr der Realität verhaftet. Im Kriminalromanbereich gefallen mir die Bücher von Henning Mankell und Hakan Nesser ganz gut. Sie bieten nach meinem Gefühl eine nordisch-kühle Atmosphäre. Das ist zwar nicht wohltuend oder erheiternd, aber sehr spannend. Ganz anders als Petros Markaris, mit dem wir ja beide in Bregenz im Zuge einer Buchpräsentation eine kurze Unterhaltung führen konnten. Gerne habe ich Antikriegsbücher gelesen, ebenso Bücher von Alexander Solschenizyn. Faszinierend finde ich unter anderem das Buch *Bauchentscheidungen* des deutschen Psychologen Gerd Gigerenzer.

Welche Eigenschaften muss deiner Meinung nach ein guter Ermittler unbedingt besitzen und welche sollte er tunlichst nicht haben?

Da fallen mir gleich wieder mit Schmunzeln die von mir schon einmal erwähnten Skripten aus der Ausbildungszeit ein. In diesen wurden unter anderem folgende notwendige persönliche Voraussetzungen für den Kriminaldienst angeführt (ich zitiere):

· Tatkraft und Zielbewusstsein
· Größte Umsicht
· Genauigkeit und Ordnungsliebe
· Geduld
· Persönliches Auftreten
· Ruhe bewahren, nicht nervös werden
· Wendigkeit
· Allgemeinbildung
· Tatbestandsermittlung nur auf Wahrnehmungen aufbauen

Diese über 50 oder mehr Jahre alten Grundsätze treffen natürlich auch heute noch zu und sind nicht nur für den Kriminaldienst erforderlich, sondern gute und gefragte Voraussetzungen für jeden anderen Beruf auch.

Es lassen sich für jeden Beruf spezielle Erfordernisse oder Kenntnisse, gerade in der heutigen von der Elektronik dominierten Zeit, definieren. Ganz wichtig ist jedoch eine grundsätzlich positive Haltung zur Demokratie, keine destruktiven Einstellungen zur Gesellschaft und ganz klar natürlich keine Charakterschwächen wie Neigungen zu unehrlichem oder gar kriminellem Verhalten.

Der größte Wissensschatz des Kriminalisten ist die Erfahrung, weil es selten genau gleich gelagerte Kriminalfälle gibt. Man lernt immer wieder dazu.

Wahrheit, Wirklichkeit und die Natur des Menschen

Kabelka an Poiger, 7. 9. 2018:

Eine letzte Konfrontation, Hans. In ihrem ebenfalls rein dialogisch angelegten Buch *Die Herzlichkeit der Vernunft* unterhalten sich die deutschen Schriftsteller und Juristen Ferdinand von Schirach und Alexander Kluge über Gott und die Verfasstheit der modernen Welt. Mehrfach kommen sie dabei auch auf das Verbrechen, insbesondere den Mord, zu sprechen, gehört doch die Entscheidung für oder gegen das Böse konstitutiv zur Freiheit des Menschen.

Zwei Zitate zu diesem Themenkomplex hatten es mir bei der Lektüre besonders angetan, unter anderem deshalb, weil sie mich an unseren Gedankenaustausch erinnerten. Ich möchte dir hiermit die beiden Aussagen Schirachs vorlegen und fragen, welche Assoziationen dir dazu kommen.

Zitat 1 (*Die Herzlichkeit der Vernunft*, S. 83):

»Der Richter ermittelt einen Sachverhalt, über den er urteilt. Das geht aber nicht um jeden Preis, nicht durch Folter zum Beispiel. Der Richter stellt also eine formalisierte Wahrheit her. Alle Indizien müssen durch den Filter der Strafprozessordnung. In der Literatur ist es ähnlich: Die Wirklichkeit verwandelt sich im Kopf des Schriftstellers. Was er beschreibt, ist nicht die Wirklichkeit, sondern seine Wahrheit, also eine durch Worte formalisierte Wirklichkeit.«

Zitat 2 (S. 155):

»Nach unserer Natur wollen wir den töten, der getötet hat. Gegen unsere Natur ist, zu fragen, warum er es getan hat. Die Frage nach der Schuld ist auch die Frage nach dem richtigen Maß.«

Poiger an Kabelka, 10. 9. 2018:

Ich kenne dieses Buch nicht und habe auch nicht vor, die Zitate in ihrem Kontext nachzulesen. Ich nehme an, du wolltest einfach die spontane Meinung des Kriminalers HP dazu erfahren. Wohlan!

Zu Zitat 1:

Schirach spricht von einer formalisierten Wahrheit im Rechtsbereich, das heißt, ein Urteil sollte so objektiv wie möglich zustande kommen, eben nicht um jeden Preis. Die Strafprozessordnung gibt vor, wie die Erkenntnisse (Beweismittel), die zu einem Urteil führen sollen, anzuwenden, zu bewerten bzw. überhaupt zuzulassen sind. Es gibt für den Richter eigentlich keine gestalterischen Freiräume. Fantasien und Kreativität haben im Rechtsbereich keinen Platz. Alles soll so sachlich und objektiv wie nur möglich sein. Fakten haben das Sagen.

Schirach spricht weiters von einer durch Worte formalisierten Wirklichkeit des Schriftstellers. Dieser legt sich sozusagen seine eigene Wahrheit zurecht, er kann Gefühlen, Anschauungen, politischen Ansichten freien Lauf lassen. Das Urteil des Richters unterliegt hingegen strengeren Regeln. Richter und Recht sind ausschließlich auf Wahrheitsfindung ausgerichtet. Schriftsteller können größere Freiräume in Anspruch nehmen. Ihre Arbeit kann zu Kunst werden, Richter können höchstens kunstvoll das Recht anwenden.

Zu Zitat 2:

Zu dieser Aussage möchte ich anmerken, dass Tötungen aus vielerlei Motiven und Ursachen geschehen: aus Eifersucht, Habsucht, Hass, Geisteskrankheit usw., und das schon seit Menschengedenken. Ich kann deshalb nicht nachvollziehen, dass es in der Natur des Menschen liegen soll, den zu töten, der getötet hat. Mir stellt sich die Frage, ob es überhaupt in der Natur des Menschen liegt, andere Menschen zu töten. Ich glaube nicht, dass es gegen unsere Natur ist zu fragen, warum jemand getötet hat. Im Gegenteil, ich bin überzeugt davon, dass es in unserer Natur liegt, wissen zu wollen, warum jemand getötet wurde oder warum jemand getötet hat.

Den zweiten Teil dieses Zitats – pardon – verstehe ich nicht. Ist mit »richtigem Maß« das Schuldausmaß gemeint? Dieses zu ergründen ist wohl jedenfalls ebenso Aufgabe des Richters. Die Frage nach der Schuld ist meines Erachtens eher die Frage nach dem Motiv.

III. Dokumentation einer Kooperation

Der Kriminalist als Freund und Helfer des Krimiautors

Es folgt hier die stark gekürzte Wiedergabe des Mailverkehrs (2001–2016) zwischen Johann Poiger und Franz Kabelka, in dem der Kriminalist dem Autor bei Sachfragen zu seinen Kriminalromanen mit Rat und Tat – also mit Informationen und Korrekturen – zur Seite stand. Diese Zusammenarbeit begann mit Kabelkas Recherchen zu Heimkehr, seinem ersten Kriminalroman, im Bregenzer LKA (Landeskriminalamt) bzw. beim LGK (Landesgendarmeriekommando), wie das Amt vor der Polizeireform hieß.

Die Mails werden in chronologischer Reihenfolge zitiert; private, nicht für die Öffentlichkeit bestimmte Passagen dieses Schriftverkehrs wurden herausgestrichen.

Es geht darum zu zeigen, wie der damals noch aktive Chefinspektor Poiger es dem Autor durch fachkundige Informationen ermöglichte, die Polizeiarbeit des fiktiven Vorarlberger Chefinspektors Tone Hagen möglichst realistisch darzustellen. Tone Hagen ermittelt auch noch in Kabelkas nächsten zwei Kriminalromanen, Letzte Herberge und Dünne Haut, als Leiter der Gruppe Leib/Leben.

Heimkehr

Aus dem Klappentext des Buchs:

Chefinspektor Anton (Tone) Hagen kehrt nach Jahren bei der Linzer Kriminalpolizei nach Vorarlberg heim. Einen Tag nach seinem Dienstantritt wird in Feldkirch ein Schriftsteller ermordet – genauer: geköpft, und zwar mit einer mittelalterlichen

Hellebarde. Neben der Leiche findet man ein Manuskript, das den Mord literarisch vorwegnimmt. Mit einer wesentlichen Abweichung in der Person des Opfers freilich ...

Gesendet: Sonntag, 9. September 2001
Von: Johann Poiger
An: Franz Kabelka

Betreff: Herr Hagen
Den Krimi habe ich auch gleich genossen. Nach meinem Empfinden sind in diesem Roman ganz herrliche Situations- und Stimmungsdarstellungen und Charakterbeschreibungen. Für mich als Kriminaler sind in dem Roman aber noch einige Dinge erklärungsbedürftig.

Gesendet: Donnerstag, 13. Dezember 2001
Von: Johann Poiger
An: Franz Kabelka

Betreff: Offene Fragen
Zu deinen Fragen:
Die »Anstalt für geistig abnorme Rechtsbrecher« befindet sich in Göllersdorf = JA (Justizanstalt) Göllersdorf.

Die Polizeischüler sind während der Dauer der schulischen Ausbildung »Polizeiaspiranten«. Bei den Bundespolizeidirektionen (BPDs) bestehen Schulabteilungen, wo die schulische Ausbildung stattfindet.

Gesendet: Dienstag, 20. August 2002
Von: Franz Kabelka
An: Johann Poiger

Betreff: Ein paar Fragen von Hagen an seinen Amtsvorgänger
Falls du noch nicht unterwegs bist im Wienerischen oder sonst
wo außerhalb unseres schönen Ländles, könntest du mir vielleicht wieder mal ein paar einschlägige Fragen beantworten, die
sich in der Zwischenzeit angehäuft haben, ja?
Als da wären:
   1. Wie viele Journalisten finden sich bei einer »heißen« Pressekonferenz im Medienraum des LGK maximal so ein?
   2. Hinterlässt ein tödlicher Stromschlag, den jemand in der
Badewanne etwa durch einen ins Wasser gefallenen Föhn erhält,
sogenannte »Strommarken« am Körper des Opfers?

Gesendet: Dienstag, 20. August 2002
Von: Johann Poiger
An: Franz Kabelka

Betreff: Re: Ein paar Fragen von Hagen an seinen Amtsvorgänger
   Zur Frage 1: Bei einem Mordfall von öffentlichem Interesse
bewegt sich die Anzahl zwischen 4 und 8. Und zwar etwa 1 ORF /
1 Antenne / ev. 1 Radio Lindau bzw. Allgäu / 1 VN / 1 Neue / 1 bis
2 Kleinzeitungen (Wann & Wo, ev. Gemeindeblatt) / ev. auch
APA-Vertreter oder neuerdings wieder die Kronenzeitung.
   Frage 2 ist eine gerichtsmedizinische Fachfrage. Nach meiner
Erfahrung müssen solche Leichen nicht zwangsläufig Strommarken aufweisen. Das kommt auf die Umstände betreffend Material,
Erdung der Wanne, des Föhns, mitunter auch der Elektroinstalla-
tion etc. an. Ich glaube mich an schon lange Zeit zurückliegende
Fälle zu erinnern, da solche Leichen an den verschiedensten Kör-
perstellen sogenannte Strommarken aufgewiesen haben. Kleine

Verschmorungen oder auch nur Hautveränderungen an Stellen, wo der Strom in den Körper ein- und ausgetreten ist. Dabei kommt es wieder auf die Lage bzw. Auflage der Leiche in der Wanne an. Heute sind diese Fälle sehr selten, da die Elektrogeräte allgemein sehr gut abgesichert sind und schon bei der geringsten Wasserberührung ein Kurzschluss entsteht. So nehme ich an, dass mein Kollege Hagen bei der Pressekonferenz interessante Mitteilungen zu machen hat.

Gesendet: Mittwoch, 21. August 2002
Von: Johann Poiger
An: Franz Kabelka

Betreff: HGH
Die 1. Pressekonferenz ist sehr authentisch beschrieben. Warst du da vielleicht schon einmal dabei? Wahrscheinlich wirst du solche Pressekonferenzen in anderen Bereichen (Stadtrat Feldkirch) kennen.

Gesendet: Freitag, 6. September 2002
Von: Johann Poiger
An: Franz Kabelka

Betreff: Einvernahme Leila Rhomberg u. a.

1. Zum Thema Befragungen/Einvernahmen:
   In der Praxis ist es bei uns so, dass, wenn etwa eine Frau Rhomberg zur Einvernahme oder Befragung zu uns auf die Dienststelle kommt, wir eine Niederschrift anfertigen. Die Niederschrift enthält natürlich ihre persönlichen Daten sowie Zeit und Ort der Aufnahme und der aufnehmenden Beamten. Sie wird in direkter Rede aufgenommen und die Angaben werden

möglichst so aufgeschrieben, wie sie eben gemacht werden. Bei Niederschriften werden in der Regel keine Tonbandmitschnitte gemacht, höchstens bei Angaben von ganz besonderer Bedeutung, z. B. bei einem Mordgeständnis, um die Richtigkeit der Niederschrift zu untermauern, falls das Geständnis widerrufen wird.

Hingegen werden bei Einvernahmen/Befragungen außerhalb einer Dienststelle, wenn kein PC oder Laptop zur Verfügung steht, z. B. am Wohnort einer befragten Person oder im Krankenhaus am Patientenbett, Angaben auf ein Diktiergerät aufgenommen und anschließend in Form eines Aktenvermerks oder Befragungsprotokolls schriftlich festgehalten. Das sieht dann so aus wie in der Anlage.

Da auf Tonband aufgezeichnete Gespräche sehr schlecht schriftlich wiederzugeben sind – oft wird in unvollendeten Sätzen und zusammenhanglos mit Nebeneinwürfen und Zwischenfragen gesprochen –, werden aufgezeichnete Gespräche selten wortwörtlich wiedergegeben. Allerdings werden öfters ganz eindeutige Äußerungen oder Erklärungen in wörtlicher Rede wiederholt. Bezogen auf deinen Charakter der Leila Rhomberg könnte das innerhalb eines Befragungsprotokolls so aussehen:

Frau Leila Rhomberg gab an, ihr Vater habe schon mehrmals erwähnt: »Da stimmt was nicht, ich erhalte laufend so komische Telefonanrufe.« Am wichtigsten ist, dass der Inhalt stimmt.

2. Zu den ach so unverzichtbaren Amtstiteln:

Nach den Vorschriften (Kanzleiordnung) sind die Titel so abzukürzen:

Chefinsp. = Chefinspektor
Abtinsp. = Abteilungsinspektor
Bezinsp. = Bezirksinspektor usw.

Genauso wird aber auch angewendet: CI, AI, BI usw. Legt einer sehr großen Wert auf seinen Titel, wird er die längere Form verwenden (oder vielleicht sogar ausschreiben).

Randbemerkung: Im Schriftverkehr innerhalb der Exekutive gibt es keine Interpunktion mehr. Punkte werden nur mehr am Satzende gesetzt.

Gesendet: Sonntag, 14. September 2003
Von: Johann Poiger
An: Franz Kabelka

Betreff: Heimkehr
Soweit es mir als Literaturlaie zusteht, möchte ich sagen, dass es nicht zu verstehen wäre, würde diese Arbeit keine Beachtung in der Literaturwelt finden.

Ein paar Kleinigkeiten erlaube ich mir, wie besprochen, anzumerken:

Der Abteilungsinspektor (AI oder AbtInsp.) Gfader hat zwei, drei Mal versehentlich den Titel Amtsinspektor erhalten.

Seite 21, 2. Absatz: Bei der Bundespolizei heißt es richtig »kriminalpolizeiliche Abteilung« und nicht nur »Kriminalabteilung« wie bei der Gendarmerie.

Seite 31, vorletzter Absatz: Ich würde Gfader eher in der Kriminalabteilung bleiben lassen statt im Landesgendarmeriekommando.

Seite 39, 5. Absatz: Die Wertsachen wurden wahrscheinlich nicht »sichergestellt« (sicherstellen ist eigentlich gleichbedeutend mit »beschlagnahmen und mitnehmen«). Die Wertsachen waren im Hause ja alle noch vorhanden.

Seiten 143 und 176: In erster Linie entscheidet der Chef der Kriminalabteilung, in deinem Buch also Major Ender, über die Bildung einer Soko. Der Sicherheitsdirektor würde oder könnte von Ender die Bildung einer Soko verlangen, wenn er der Meinung wäre, es sei ein erhöhter Einsatz notwendig. Die Bildung einer Soko bespricht der Sachbearbeiter oder CI Hagen mit Ender.

Gesendet: Dienstag, 23. September 2003
Von: Johann Poiger
An: Franz Kabelka

Betreff: Re: Letzte Änderungen

Zu 1: Motto

Mit dem Motto habe ich einfach so meine Probleme, auch aus dem Blickwinkel des Schriftstellers Eugen Rhomberg.

Wie wäre es mit: »*Es gibt viele Gründe (Motive?) für einen begangenen Mord, für den nicht begangenen ist einer davon Feigheit.*«

Zu 2: Formulierung/Stil von Aktenvermerken:

Zu diesem Punkt hätte ich, unserer Praxis gemäß, folgenden Vorschlag:

AKTENVERMERK

Über die Befragung der Leila Rhomberg (geb. 2.7.1975 in Dornbirn, österreichische Staatsangehörige, ledig, Volksschullehrerin, dzt. wohnhaft in Landeck, Roppenstraße 22) als Auskunftsperson, am Dienstag, 16.10.2001, 14.10 bis 16.14 Uhr, im Zimmer 202 der Kriminalabteilung Bregenz, durch Chefinsp. Hagen und Abtinsp. Gfader.

Frau Rhomberg lehnte eine niederschriftliche Aufnahme ihrer Angaben mit der Begründung ab, dass sie mit der Ermordung ihres Vaters in keinem Zusammenhang stehe und deshalb keinen Grund sehe, ein Protokoll anzufertigen. Sie sei wohl an einer Ausforschung des Täters interessiert, den auszuforschen sei aber Aufgabe der Kripo.

Frau Rhomberg gab an, ebenso wie ihre Schwester Sylvia (verehel. Cihan, wohnhaft in Rankweil, Sägerstraße 14a) zwischen 1989 und 1994 von ihrem Vater, Eugen Rhomberg, wiederholt sexuell genötigt worden zu sein.

Du kannst natürlich auch eine andere, dir passendere Begründung und Formulierung zur Ablehnung der Niederschriftaufnahme verwenden, nur das sind eben typische Begründungen, wie man sie von Auskunftspersonen, die der Exekutive gegenüber eher gleichgültig eingestellt sind und keine große Anteilnahme am Tod der getöteten Person nehmen, zu hören bekommen kann. So nach dem Motto: Sucht euren Mörder selbst, mir ist das egal, ich habe damit nichts zu tun. Ein solches Verhalten erscheint den Ermittlern meist bedenklich bis verdächtig, da es nicht zu einer betroffenen, trauernden Tochter passt.

Zum Unterschied zwischen »Befragung« und »Einvernahme«: Als Befragung würden wir eben dieses Gespräch von Hagen und Gfader mit Leila Rhomberg bezeichnen, wie es im Buch beschrieben ist und worüber die beiden Kollegen danach einen Aktenvermerk (AV) angelegt haben. Unter einer Einvernahme verstehen wir ein intensiveres Gespräch mit Vorhalten, Rückfragen, Nachfragen, Insistieren etc. (Frage-Antwort-Spiel), was eben meistens wegen der Bedeutung der Angelegenheit niederschriftlich aufgenommen wird.

Zu 3: Profiler

Ich würde den Profiler die Aufmerksamkeit der Mordgruppe geschlagene 35 Minuten lang oder länger binden lassen. 10 Minuten für nichts wäre ja noch tolerabel. Aber 35 Minuten oder länger für nichts und wieder nichts ist eine Zumutung. Du weißt ja, es gibt Leute, die können stundenlang reden und nichts aussagen.

Zu 4: Verstümmelung und Demütigung

Nach meinem kriminalistischen Empfinden würde ich das Kopfabtrennen weniger als Demütigung, sondern mehr als absolute, konsequente Tötungsart ansehen. Kopf ab, Rübe ab, ausradieren; radikal, brutal und unwiderruflich weg von dieser Welt, der überlebt sicher nicht (mit einem Kopfschuss möglicherweise schon).

Gedemütigte Opfer werden oft am ganzen Körper misshandelt, geschlagen, gefesselt, bis zum Tode malträtiert und der Leichnam wird achtlos in den Keller gebracht oder sonst entsorgt.

Zu 5: Realismus einer bestimmten Passage

»Glaubst du, dass die Rückverfolgung von Rhombergs Anrufen wirklich was bringt?«, fragt er Hagen. »Der U-Richter hat sich ganz schön geziert, bevor er sie bewilligt hat.«

Hagen zuckt mit der Schulter.

»Hilft's nichts, so schadet's nichts«.

Wie schon besprochen, ist die Rückverfolgung der Daten in einem solchen Fall ein selbstverständlicher Ermittlungsschritt und bedarf keiner Überlegung, ob er was bringen wird. Wenn nicht, hat man halt Pech gehabt. Der U-Richter wie schon zuvor der Staatsanwalt bei der Antragstellung werden sich in einem solchen Fall darüber den Kopf zerbrechen, wie sie einen solchen Beschluss begründen können, falls die Begründungslage/Argumente hierzu zu dünn wären.

Gesendet: Montag, 14. Dezember 2003
Von: Franz Kabelka
An: Johann Poiger

Betreff: Obduktion in Deutschland
Derzeit bin ich bei letzten Korrekturen, die sich aufgrund der ausführlichen Lektoratsgespräche als notwendig erwiesen haben. Vor allem den Prolog hab ich um zwei Seiten gekürzt, und einige andere kleinere Veränderungen muss ich bis vor Weihnachten abgeschlossen haben, weil dann das Buch in Druck geht. Und da hätte ich auch noch eine Frage an dich:

Ist es tatsächlich so, dass in Deutschland die Kriminaler bei einer Leichenöffnung nicht persönlich dabei sein müssen, wie das bei uns jedenfalls der Sachbearbeiter muss? Mein Lektor vermutet das aufgrund der Darstellung in deutschen TV-Filmen, aber die geben ja bekanntlich selten die Realität 1:1 wieder. Also vielleicht kannst du mir deine Sachkenntnis dazu nochmals zur Verfügung stellen und ein kurzes Mail schicken. Wäre es nämlich so, würde ich Tone in der Prosekturszene bedauern lassen, es nicht so gut wie seine deutschen Kollegen zu haben.

Das Motto – jenes Zitat Eugen Rhombergs, das dir (und auch dem Verleger) nicht sonderlich zusagte – habe ich mittlerweile ersetzt. Im Zuge meiner Abklärung im Internet, welche Titel bereits vergeben sind, kam ich nämlich nach der Fixierung auf *Heimkehr* darauf, dass eine kleine Parabel von Franz Kafka mit dem Titel *Heimkehr* existiert, die sich noch dazu mit fast demselben Vater-Sohn-Schicksal beschäftigt wie mein Roman. Und so hab ich mich entschlossen, aus der Not eine Tugend zu machen und einen Teil aus diesem Kafka-Text dem meinen als Motto voranzustellen. Er lautet folgendermaßen:

Ich bin angekommen. Wer wird mich empfangen? Wer wartet hinter der Tür der Küche? Rauch kommt aus dem Schornstein, der Kaffee zum Abendessen wird gekocht. Ist dir heimlich, fühlst du dich zu Hause? Ich weiß es nicht, ich bin sehr unsicher. Meines Vaters Haus ist es, aber kalt steht Stück neben Stück, als wäre jedes mit seinen eigenen Angelegenheiten beschäftigt, die ich teils vergessen habe, teils niemals kannte.

Franz Kafka

Gesendet: Montag, 15. Dezember 2003
Von: Johann Poiger
An: Franz Kabelka

Betreff: Obduktionen in Deutschland
Habe heute mit Kollegen in München und Berlin gesprochen. Demnach verhält es sich in Deutschland genau gleich wie bei uns. Es nimmt auch in Deutschland immer ein fallvertrauter Beamter oder der Sachbearbeiter eines Tötungsdeliktes bei der gerichtlichen oder rechtsmedizinischen Obduktion teil. Nur die Übermittlung eines Berichtes des Gerichtsmediziners bzw. Rechtsmediziners (Bezeichnung in Deutschland) an die Kripo sei nicht vorgesehen und werde nicht praktiziert. So entsteht Fehlinformation durch Kriminalfilme!

Letzte Herberge

Die äußerst ungewöhnliche Todesart eines Obdachlosen in *Letzte Herberge*, dem zweiten Kriminalroman Kabelkas, wurde maßgeblich dadurch beeinflusst, dass in einem Hintergrundgespräch CI Poiger dem Autor von einem seltsamen Leichenfund auf einer Alpe nahe Bludenz erzählte. Dabei wurde eine tote Frau gefunden, deren Mund mit Kartonklebeband verklebt war, was die Polizei vermuten ließ, es handle sich dabei um ein Gewaltverbrechen. Am Ende der Ermittlungen stellte sich aber heraus, dass in Wahrheit ein Suizid vorlag, den die Frau aufgrund vorheriger fehlgeschlagener Suizidversuche detailliert geplant hatte. Sie schluckte eine Menge Schlaftabletten und verklebte sich danach in einer abgelegenen Gegend selbst den Mund, damit sie die Tabletten nicht – wie schon einmal – wieder erbrechen konnte.

Im Roman ist das Opfer ein älterer Mann, der in der sogenannten »Herberge«, einem damals tatsächlich existierenden Quartier für Langzeitarbeitslose bei Bürs (Vorarlberg), wohnt und eines Tages tot am Fuße einer Felswand aufgefunden wird. Ähnlich wie in der Realität geht es in dieser Geschichte für den Leser darum herauszufinden, ob es sich bei dem Sturz um Mord oder Selbstmord handelte.

Gesendet: Dienstag, 14. Dezember 2004
Von: Johann Poiger
An: Franz Kabelka

Betreff: Re: Frage ad Hausdurchsuchung
Zu deiner Frage bezüglich Hausdurchsuchungen:
Ganz einfach, ich will an das Beweismittel herankommen. Wenn eine freiwillige Nachschau nicht gestattet wird, dann eben durch eine Durchsuchung. Je nach Lage, wenn ich etwa per

Handy sofort eine mündliche U-richterliche Anordnung (nach vorherigem Telefonat mit StA.) erlangen kann, werde ich die Durchsuchung auf Basis eben dieser mündlichen Anordnung durchführen.

Kann ich den U-Richter nicht gleich erreichen, werde ich die Durchsuchung aus eigenem Antrieb durchführen.

Ergibt sich z. B. ein Tatverdacht gegen die betreffende Person im Zuge ihrer Befragung und vielleicht noch in ihrem Zimmer, wo das Beweismittel vorhanden sein dürfte (vielleicht sogar noch zu einer Unzeit in der Nacht), werde ich, bevor ich umständlich und langwierig einen Untersuchungsrichter zu erreichen versuchen werde, sofort, aus eigenem Antrieb, nach dem Beweismittel suchen.

Ergibt sich der Verdacht durch die Befragung einer Person in Feldkirch um 10.00 Uhr vormittags und ich muss anschließend zur Herberge nach Bürs fahren, um dort an das Beweismittel »heranzukommen«, kann ich mich in der Zwischenzeit um eine mündliche Durchsuchungsanordnung bemühen.

Die meisten der kriminaltechnischen Fragen wurden von Kabelka und Poiger damals telefonisch erledigt. Am Silvestertag 2005 schickte der Autor aber wieder ein paar schriftliche Fragen an den Chefinspektor, welche dieser auch umgehend beantwortete.

Gesendet: Samstag, 31. Dezember 2005
Von: Franz Kabelka
An: Hans Poiger

Betreff: Hagen an Poiger, zum letzten Mal (in diesem Jahr)
Wenn du gestattest, zum Jahresende noch ein paar Fragen in Sachen *Letzte Herberge*.

Zur Einstimmung kopiere ich noch den für meine Fragen relevanten Textausschnitt aus dem Roman, er spielt übrigens am 30.12.2004:

»Hat der Staatsanwalt die Leiche schon freigegeben?«, fragt er Gfader, der sich mit dem Abfassen von Protokollen abmüht. Definitiv keine seiner Lieblingsbeschäftigungen.

»Prölls Leiche?«

»Haben wir sonst eine herumliegen zurzeit?«

»Hm«, knurrt Gfader, »nein. Also, der Beitner hat nichts dagegen. Aber das ist Theorie. Praktisch gesehen ist noch unklar, wer die sterblichen Überreste kriegen soll. Ich fürchte, es wird sich niemand darum reißen.«

»Gibt's denn keine liebenden Anverwandten mehr im heimatlichen Tirol?«

»Jedenfalls nicht in Patsch. Aber ich hab die Adresse von Prölls Sohn herausgefunden. Thomas heißt er. Ein mäßig erfolgreicher Schauspieler, der normalerweise an deutschen Vorstadtbühnen herumtingelt. Dürfte aber momentan schwer zu greifen sein: Man hat ihn bei einem Vietnamurlaub auf unbestimmte Zeit festgesetzt. Wegen unerlaubten Drogenbesitzes. Na ja, der Apfel fällt nicht weit vom Stamm ...«

»Wir werden schon nicht hocken bleiben auf der Leich'. Schließlich ist im Zweifelsfall die Gemeinde zuständig, wo einer gefunden wird. In unserem Fall also Göfis.«

»Die werden sich aber freuen. Ich ruf gleich den Lampert an.«

Den Göfner Bürgermeister kennt er natürlich auch, der Gfader. Es gibt nicht viele Lokalgrößen, mit denen der Montafoner nicht per du ist.

»Wart noch. Der Pröll liegt eh auf Eis, der läuft uns nicht davon. Lieber tät ich mit dir noch einmal alles durchgehen, was wir haben, und was nicht. Eine kleine Inventur zum Jahresende, sozusagen.«

»Von mir aus.« Gfader zieht eine blaue Blechschachtel aus der untersten Schreibtischlade hervor. »Es spricht aber nichts dagegen, dass wir es uns dabei ein bisschen gemütlich machen, oder? Die Weihnachtskekse meiner besseren Hälfte sind nicht ohne, wirst sehen.«

Nein, da spricht nichts dagegen. Bei Zimtsternen, Vanillekipferln und Rumkugeln lässt es sich auch leichter verkraften, dass sie nach einer knappen Woche noch nicht viel weiter sind als am ersten Tag. Nicht einmal die Mutter aller Fragen, nämlich ob es sich bei Prölls Abgang um Mord oder Selbstmord handelt, kann als geklärt gelten. Offen ist außerdem, von wem die Kratzspuren auf der Brust des Toten stammen sowie der genaue Weg, den das Klebeband aus Gundis Depot in der Herberge bis hin zum Mund des Opfers nahm. Und ob das zeitgleiche Verschwinden des jungen Herrn Schöch mit dem Erstickungstod des alten Sandlers etwas zu tun hat, wissen nur die Götter.

Wenigstens zergehen die Rumkugeln der Frau Gfader wie Butter auf der Zunge. »Kompliment an deine bessere Hälfte«, stöhnt Hagen und hält sich den Bauch. Er hat nicht den Anstand besessen, die letzte Kugel seinem Kollegen zu überlassen.

Die vielen Feiertage sind dafür verantwortlich, dass auch noch zwei technische Analyseergebnisse ausständig sind: Das von den Schlaftabletten, die sie in der Herberge konfisziert haben, und die spurentechnische Untersuchung der »Tatwaffe«, des Klebebands. Es ist tiefgefroren nach Innsbruck geschickt worden, wo die Tüftler vom gerichtsmedizinischen Institut das Band auseinander nehmen, um vor allem die Abrissränder gezielt unter die Lupe zu nehmen. Vielleicht passen danach doch noch zwei lose Enden zusammen? Hagen fallen wieder die Klebebandrollen in Gundis Zimmer ein, und der runde Abdruck auf Paulis staubigem Regal.

»Schon seltsam, dass die Gendarmen auch bei der zweiten Durchsuchung des Geländes nichts gefunden haben! Diese Rolle wird sich wohl kein Fuchs oder Dachs unter den Nagel gerissen haben. Im Fall einer Fremdverschuldung wär die Erklärung allerdings relativ einfach.«

»Du meinst, dass der Täter sie entsorgt hat?«

»Wäre doch nahe liegend, nicht? Oder würdest du als Mörder so eine deftige Spur am Tatort zurücklassen?«

Mangels Rumkugeln stopft Gfader sich einen schimmernden Zimtstern in den Mund. »Üsch asch Möder ...« – er zermalmt den Stern, um etwas deutlicher artikulieren zu können – »ich käme erst gar nicht darauf, ein Plakatklebeband für einen Mord zu verwenden! Ziemlich schräge Idee, oder? Aber andererseits: gleich schräg im Fall eines Selbstmords.«

Dazu meine Fragen:

1) Spricht man während der noch laufenden Ermittlungen vom »Fundort« oder vom »Tatort«, wenn man, wie in meinem Fall, eine Leiche im Wald auffindet? (»Tatort« würde ja voraussetzen, dass man bereits weiß, dass die Tat (egal, ob Selbstmord oder Mord) wirklich an der nämlichen Stelle passiert ist, oder? Andererseits klingt »Fundort« auch irgendwie komisch in Anbetracht einer Leiche ...

2) Bei meinem Telefonat am 2.12. hast du mir ausführlich erläutert, dass im Fall R. das tiefgefrorene (oder sagt man eher »schockgefrorene«?) Klebeband von Spezialisten in Innsbruck untersucht wurde. Dazu noch einmal zwei Fragen: a) Gehe ich Recht in der Annahme, dass diese Spezialisten am gerichtsmedizinischen Institut arbeiten, und was wäre deren genaue Berufsbezeichnung? b) Wie ist das gegangen, dass man die Umwicklungen jenen Innsbrucker Kollegen geschickt hat, ohne die Leiche, die in den Bandumwicklungen steckte, gleich mitzuliefern? Die Leiche wurde doch in Feldkirch obduziert, oder? Da komm ich rein technisch betrachtet nicht recht mit!

Betreff: Re: Hagen an Poiger, zum letzten Mal (in diesem Jahr)

zu 1): Du siehst es vollkommen richtig. Korrekterweise wird vom Leichenfundort gesprochen. Ich halte das in der Praxis auch so und rede und schreibe (in ersten Berichten etc.) in so einem Fall vom »Leichenfundort«. Tatort ist jene Örtlichkeit, wo sich eine Tat zugetragen hat. Bei der Auffindung einer Leiche ist (nebst der Feststellung von deren Identität) eine der ersten kriminalistischen Abklärungen immer die, ob der Auffindungsort auch der Tatort ist.

zu 2): Die betreffende Leiche wurde in Feldkirch obduziert. Das Klebeband wurde bei der Obduktion vom Gerichtsmediziner von dem, was an verfaultem, breiigem Hals noch vorhanden war, sorgsam entfernt. Dabei hat er schon Umwicklungen gelöst bzw. zusammen- oder aufeinander klebende Klebebandschichten sorgfältig auseinandergerissen (gezogen); sozusagen vom Hals wegpräpariert. Das so entfernte Klebeband wurde von den Spurensicherern unverändert gesichert (in extra Papiersäcken) und an Kollegen der Tatortgruppe der Kriminalabteilung Innsbruck übermittelt (vielleicht auch selbst nach Innsbruck gebracht oder jemandem von uns mitgegeben) – die Übermittlungsart weiß ich nicht, weil ein Spurensicherer der KA Innsbruck sich auf die Untersuchungen solcher Spuren oder Gegenstände spezialisiert hat. Dabei hat er eine Methode angewendet, bei der das Tiefgefrieren irgendwie eine Rolle spielt. Mich hätte diese Methode auch näher interessiert, aber unser Spurensicherer konnte mir das nicht genauer erklären.

Also die kriminaltechnische Untersuchung des Klebebandes wurde nicht von der Gerichtsmedizin Innsbruck durchgeführt, sondern von einem Beamten der Tatortgruppe der KA des Landesgendarmeriekommandos für Tirol.

Gesendet: Samstag, 24. Juni 2006
Von: Franz Kabelka
An: Johann Poiger

Betreff: kriminaltechnische vs. gerichtsmedizinische Untersuchungen

Weißt du, was ich – obwohl schon so oft von dir gebrieft und mit einschlägigen Unterlagen versehen – immer noch nicht ganz eindeutig auseinanderhalten kann: Wann man von »gerichtsmedizinischen« und wann von »kriminaltechnischen Untersuchungen« spricht. Bei der Analyse des Flascheninhalts im Fall R. sprach man von »gerichtsmedizinischen«, im Fall der Klebebänder hingegen von »kriminaltechnischen« Untersuchungen.

Darf ich daraus folgern, dass, wenn womöglich Medikamente oder andere chemische Substanzen im Spiel sind, prinzipiell die Gerichtsmedizin befasst wird – bei anderen, nicht-chemischen Materialanalysen hingegen irgendein »kriminaltechnischer« Tüftler bzw. Experte und ergo die Bezeichnung »kriminaltechnische Untersuchung« die korrekte ist? Wenn diese Unterscheidung stimmt, müsste die Untersuchung des durch Kurtl verlorenen Feuerzeugs hinsichtlich allfälliger Spuren wohl auch eine »kriminaltechnische« genannt werden, oder?

Sorry, aber dies ist definitiv das letzte Mal, dass ich dich in Sachen *Letzte Herberge* drangsaliere. Ich will einfach den altbekannten Kurs weiter steuern, wonach, wenn irgend möglich, in meinen Krimis kriminalistisch richtige Termini Verwendung finden.

Und, eh klar: Ein Extrabier wartet dafür auf dich!

Gesendet: Sonntag, 25. Juni 2006
Von: Johann Poiger
An: Franz Kabelka

Betreff: Re: kriminaltechnische vs. gerichtsmedizinische Untersuchungen

Grundsätzlich siehst du das ganz richtig. Nur eben, wenn chemische Analysen im Zusammenhang mit Medikamenten zu machen sind, dann ist wieder die Gerichtsmedizin die kompetentere Stelle, weil es ja auch um eine »medizinische Angelegenheit« geht. Andere chemische Untersuchungen, z. B. Brandschutt, wo es um Brandbeschleunigungsmittel (Benzin, Lacke und andere Mittel) geht und auch chemische Analysen erforderlich sind, werden von den kriminaltechnischen Untersuchungsstellen in Wien durchgeführt. Am Feuerzeugrädchen will Hagen ja eine DNA-Untersuchung machen lassen und alles, was DNA betrifft, ist eine gerichtsmedizinische Sache, das macht sonst niemand. Es kommt nicht drauf an, was ich untersuchen lasse, sondern welche Art von Untersuchung ich will.

Kannst dir wahrscheinlich vorstellen, für ein Extrabier tu ich viel, und die *Letzte Herberge* soll ja ein echter, detailgetreuer Kabelka sein.

Dünne Haut

Aus dem Klappentext des Buchs:

In *Dünne Haut*, dem dritten und letzten Teil der Tone-Hagen-Trilogie, zieht sich der Vorarlberger Chefinspektor in eine psychosomatische Klinik in Süddeutschland zurück. Ausgebrannt von jahrelangem Polizeidienst und privaten Tiefschlägen soll er dort eine Auszeit nehmen. Doch dann wird Hagens kriminalistischer

Instinkt durch dunkle Machenschaften geweckt, die sich in der Klinik abspielen. Unter den Patienten und in der Ärzteschaft toben Kämpfe, und als Hagen auf die attraktive, aber wegen ihres Borderline-Syndroms unberechenbare Marie Therese Herbst trifft, wird es auch für ihn selbst gefährlich. In dieser Welt zwischen Wahn und Wirklichkeit stellt sich die Frage, ob die gefährlichsten Verbrechen die realen sind oder jene, die sich nur im Kopf abspielen ...
Im folgenden Mail an den Autor nimmt Hans Poiger unter anderem Bezug auf die »Burnoutprävention« mancher Kriminalisten mittels Alkohol, wie sie sowohl im Roman als auch im realen Berufsleben mitunter vorkommt.

Gesendet: Freitag, 7. März 2008
Von: Hans Poiger
An: Franz Kabelka

Betrifft: Dünne Haut, Kapitel 17, Rot und Schwarz
Meine Kritik hält sich in Grenzen, im Gegenteil, die (in diesem Kapitel geschilderte) Therapiestunde bietet, so meine ich, eine wirklich gute Gelegenheit, die beiden Ereignisse (Bahnunfall[7] und Peter B.[8]) einfließen zu lassen, ohne dass sie zu sehr in den Vordergrund treten.

---

7   Im Dezember 2006 ereignete sich, wie im Kapitel »Krasse Fälle« besprochen, ein tragischer Unfall an der Bahnstrecke zwischen Bregenz und Lochau, als ein Eurocity zwei Polizisten und einen Leichenbestatter, die wegen eines tödlich Verunglückten vor Ort waren, in den Tod riss. Dieser Fall fand Eingang in den Roman *Dünne Haut*. Er wird dort als einer der Gründe für die Traumatisierung von Chefinspektor Tone Hagen thematisiert.
8   Auch der Fall Peter B., auf den im Roman angespielt wird, hatte eine traurige Entsprechung in der Vorarlberger Realität. Dabei fügte eine Mutter ihrem Sohn schwere Bisswunden zu (vgl. Kapitel »Highlights und Tiefpunkte«).

Auch die Burnoutprävention à la Kripo ist ganz treffend beschrieben. Sie würde in der Realität allerdings – wegen des Alkoholgenusses – nicht in einem türkischen Lokal stattfinden. Wir würden dafür absolut kein Verständnis finden und dadurch unser letztes Quäntchen an Glaubwürdigkeit verlieren. Wenn schon, dann eher an einem Tisch im hinteren Teil einer Wirtsstube. Und um bei der Realität zu bleiben: Es waren keine »klaffenden« Bisswunden, sondern Ab- und Eindrücke von Bissen im Körper des Buben. Klaffend – also offene, blutende Fleischwunden durch Bisse – mutet mich ein wenig kannibalistisch an.

Was mir ganz gut gefällt, ist die Charakterisierung Hagens in der Therapiestunde, denn so würden viele meiner Kollegen und wahrscheinlich auch ich denken und reagieren. Auch die Psychotherapeutin Grein gefällt mir ganz gut, da sie den Chefinspektor doch ordentlich aufweicht. Den Ausgang der Therapiestunde finde ich edel bis berührend. Diese Therapiestunde macht richtig neugierig auf alles davor und danach, eine sicher sehr ansprechende Geschichte.

Jemand anders

In *Jemand anders* verliert ein Mann die Erinnerung, seine retrograde Amnesie wird durch einen Unfall im Wald ausgelöst. Früher war er ein Franziskanerpater und hieß Pater Fidelis, jetzt, nach traumatischen Erlebnissen im Bubeninternat und seinem Ausscheiden aus dem Orden, leitet er als Edgar ein modernes Fitnesscenter. Dass sich just in jenen drei Wochen, die in Edgars Kopf gelöscht sind, zwei Todesfälle im Fitnesscenter ereignen, ist natürlich kein Zufall …

Die genauen technischen Abläufe beim Orten und Retten von Vermissten oder Verunglückten erfragte der Autor wieder bei Chefinspektor Poiger.

Gesendet: Sonntag, 8. August 2010
Von: Franz Kabelka
An: Johann Poiger

Betreff: Fragen zur Rettung von Vermissten
Falls eine Frau in unserem Land beim Notruf, der Polizei oder der Rettung anruft, ihren Mann in Panik als vermisst meldet und den dringenden Verdacht äußert, er könnte in einer wilden Sturmnacht auf einem abgelegenen Waldweg verunglückt sein – wie wäre wohl die Vorgangsweise der Rettungskräfte? Meine konkreten Fragen:

1. Verfügt die Rettung (ev. Bergrettung) bei uns über die technische Möglichkeit, das Handy des potenziell Verunglückten anzupeilen und ihn so zu orten? (Ich nehme mal an, die Polizei kann das mittlerweile, vorausgesetzt, das Handy ist eingeschaltet.)

2. Gesetzt den Fall, der Standort des Vermissten wäre so zu orten: Wer würde sich in so einem Fall wohl auf den Weg machen, um den Vermissten zu bergen (Polizei, Rettung, Bergrettung – weil unwegsames Gelände)?

3. Falls die Ortung so nicht möglich ist: Wie würde die Polizei / Rettung auf so eine Vermisstenmeldung reagieren? Würde sie beispielsweise eher ausrücken, wenn die Frau erklärt, sie hätte einen Anruf von ihrem Mann erhalten, bei dem dieser nur noch röchelte – und ohne dass er irgendwelche Angaben zu seiner Lage / Position machen hätte können, sei der Kontakt abgebrochen.

Diese technischen Fragen spielen in meiner Geschichte eine gewisse Rolle, und je nachdem, wie sie beantwortet werden, muss ich die entsprechende Szene anders gestalten. Ich denke, du könntest damit entweder selbst Erfahrung haben oder zumindest wissen, an wen ich mich diesbezüglich zur Klärung wenden sollte.

Gesendet: Sonntag, 8. August 2010
Von: Johann Poiger
An: Franz Kabelka

Betreff: Re: Fragen zur Rettung von Vermissten

Zu 1: Die Handyortung erfolgt durch die Polizei. In Fällen von dringenden Abgängigkeiten ist eine Ortung durch die Polizei ohne richterliche Anordnung möglich, was meistens über Anforderung einer Polizeiinspektion vom LKA durchgeführt wird. Es wird dann der Sendemasten/Zelle bekannt, wo das Handy zuletzt eingeloggt war oder noch ist. Eine metergenaue Ortung, wie man manchmal vernimmt, ist nicht möglich. Das geht nur bei GPS, bei den Smartphones nun auch. Die Rettungsorganisationen haben diese Befugnis nicht. Die Rettungsorganisationen können den Besitzer einer Rufnummer eruieren oder rückverfolgen, wenn z. B. jemand in der Aufregung seinen Namen nicht nennt und auflegt.

Zu 2: Das kommt auf die Bergungserfordernisse an. Ist die zu bergende Person in schwierigem Gelände und ist größerer Aufwand erforderlich, werden von der RFL (Rettungs- und Feuerwehrleitzentrale) Feldkirch Bergrettung, Rettung, ev. Hubschrauber, Suchhunde aktiviert. Wenn der Notruf an die RFL kommt, beurteilt die die Lage und alarmiert gleich die erforderlichen Bergungskräfte und die Polizei. Kommt der Notruf an die Polizei, verständigt die wiederum die RFL, die die entsprechenden Bergungsmaßnahmen einleitet. Ist es eine weniger schwierige Bergung, kann es sein, dass vier oder fünf Alpinpolizisten oder einige Bergretter aktiv werden. Es ist meistens auch eine Frage der Verfügbarkeit, wie viel Bergungskräfte (Polizei oder

Bergretter) in welcher Zeit verfügbar sind. Das läuft alles in Koordination zwischen RFL und Polizei ab.

Zu 3: Die Polizei und RFL müssen und werden in jedem Falle sofort tätig werden, mit und ohne Röcheln im Telefon oder Ähnliches. Das sind jene Fälle, in denen nur bekannt ist, dass eine Person auf einen bestimmten Berg gegangen und ihr Standort nicht näher bekannt ist. Da werden dann mehrere Bergrettungsstellen, Alpinpolizei, Feuerwehr, Suchhunde, Hubschrauber usw. für großflächige Suchen aufgeboten. Generell beurteilt die RFL die Lage und verständigt über Piepser, SMS, Funk, die Polizei und in einer eigens bestehenden Verständigungsstruktur die Bergungskräfte. Kommt die Vermisstenmeldung zur Polizei und ist größerer Bergungsaufwand erforderlich, verständigt sie auch die RFL.

Gesundes Gift

Gesundes Gift spielt zum Gutteil in Indien und zeigt, wie mit schwermetallhaltigen ayurvedischen Nahrungsergänzungsmitteln viel Geld gemacht werden kann. Ein amerikanischer Wissenschafter, der durch Studien diese Gefahr nachweist, gerät selbst unter Druck seitens der indischen Produzenten, und ein österreichischer Journalist, der in dieser Sache recherchiert, wird vor ein Auto gestoßen. Anlass genug für seine Kollegin Frieda Prohaska, im südindischen Kerala und in Tamil Nadu aktiv zu werden. Dort wartet bereits Ajith, ein Profikiller, auf sie ...

Da in *Gesundes Gift* der Großteil der Ermittlungsarbeit durch eine Journalistin und nicht, wie in den vorangegangenen Romanen, durch einen Kriminalisten geleistet wird, ergaben sich nur wenige konkrete Fragestellungen an Chefinspektor i. R. Poiger. Als

Testleser lieferte er dem Autor dennoch wichtige Rückmeldungen, wie etwa im folgenden Mail.

Gesendet: Montag, 22. Juli 2013
Von: Johann Poiger
An: Franz Kabelka

Betreff: Lektüre von *Gesundes Gift*
Da präsentiert sich ein ganz anderer Kabelka-Krimi als bisher bekannt. Für mich ist die Story faszinierend, was den eigentlichen Inhalt, also die ganze Ayurvedathematik, betrifft, und packend, was die Örtlichkeiten und Abläufe angeht. Es hat einen ordentlichen Schuss Internationalität und dadurch, dass da einige ins Jenseits wandern, noch höheren Krimicharakter. Bezüglich der handelnden Personen wäre es für meine Bedürfnisse angenehm, wenn bei deren Beschreibung und Charakterisierung bald ihr Alter zu erkennen wäre. Man stellt sich ja das Gelesene bildlich vor, und das geht dann besser.

Die Transkriptionen der Interviews Friedas mit Chemikern und einem Studienverfasser finde ich ebenfalls ganz gut, das gibt eine dokumentarische Note, macht aufmerksam und unterbricht den Leseverlauf. Allerdings verlangen die wissenschaftlichen Abhandlungen im Chemiebereich etwas Geduld.

Mir geht, wie erwähnt, deshalb viel durch den Kopf, weil ich ja auch ein wenig indische Luft geschnuppert und auch so vieles nicht verstanden habe. Dein Text hat das alles wieder aufgewühlt, weil du es in exzellenter und, wie ich meine, leicht bissiger oder pointierter Weise aufzeigst. Was mir auch besonders gut gefällt, ist, dass du das Vergewaltigungsthema so aufgreifst.

Für mich unklar: Was bereitet einem indischen Profikiller Hemmungen, eine Frau zu töten – bei der niedrigen gesellschaftlichen Stellung der Frau in Indien? Der Schlussakt von Ajith ist mir ebenso unklar. Vielleicht willst du die Auslegung ja dem Leser überlassen? Hat er Suizid begangen oder sich das Messer – bedingt durch die Verkehrssituation bzw. die Handbremsung (die keinen so starken Bremseffekt hervorrufen kann, dass es ihn derartig nach vorne schleudert) – unabsichtlich selbst hineingestoßen?

Gesendet: Montag, 22. Juli 2013
Von: Franz Kabelka
An: Johann Poiger

Betreff: Re: Lektüre von *Gesundes Gift*
Danke vielmals für dein ausführliches Feedback! Es freut mich sehr, dass du, mein ganz persönlicher KK (kritischer Krimineser) offenbar die Story genossen und auch in kriminalistischer Hinsicht kaum etwas zu bemängeln hast.

Zu deinem aufgezeigten Verständnisproblem (»Für mich unklar: Was bereitet einem indischen Profikiller Hemmungen, eine Frau zu töten – bei der niedrigen gesellschaftlichen Stellung der Frau in Indien?«): Dazu verweise ich auf Ajiths schaurige Familiengeschichte. Zwei Frauen haben sein Leben geprägt, beide kamen wegen der Vergewaltigung Chandras letztlich ums Leben. Daher sein Zögern, als er erstmals den Auftrag bekommt, eine Frau umzubringen. Außerdem erinnern ihn Friedas Augen auch noch physisch an seine Schwester.

Kaltviertel

Aus dem Klappentext des Buchs:

Frieda Prohaska, Journalistin beim Wochenmagazin *opinion*, ist schwanger. Nur blöd, dass das Kind nicht von ihrem Lebensgefährten Leo stammt, sondern das Ergebnis eines One-Night-Stands ist. Um sich darüber im Klaren zu werden, wie sie mit der Situation umgehen soll, zieht sich Frieda in ihr Elternhaus nach Penzdorf, eine Waldviertler Gemeinde, zurück. Dort herrscht gerade Krieg: Bürgermeister Kastner will einen Windpark errichten lassen, alle anderen Parteien und eine Bürgerinitiative kämpfen dagegen an. Als der Bürgermeister tot in einer Höhle aufgefunden wird, beginnen Chefinspektor Wabitsch und seine Kollegin Schweighofer vom LKA ihre Ermittlungen. Die Polizisten vernehmen gerade alle für den Mord in Betracht Kommenden, als sich der scheinbare Täter erhängt und der Fall damit als gelöst gilt. Doch dann erhält Frieda unerwartete Post aus dem hohen Norden ...

Im Mailverkehr zwischen Poiger und Kabelka anlässlich des im niederösterreichischen Waldviertel spielenden Kriminalromans *Kaltviertel* geht es vor allem um die spezifischen Aufgaben des Koordinierten Kriminaldiensts (KKD) und der Spurensucher, um polizeiliche Ränge, Möglichkeiten der Beförderung und andere kriminalistische Details.

Die Antworten Poigers auf Kabelkas Fragen sind im folgenden Mail kursiv eingefügt.

Gesendet: Montag, 24. August 2015
Von: Johann Poiger
An: Franz Kabelka

Betrifft: Fragen an den Chefinspektor i. R.
Vor meinen konkreten Fragen findest du eine kurze Textpassage, die veranschaulicht, wodurch die polizeilichen Ermittlungen in meiner neuen, im Waldviertel angesiedelten Geschichte ausgelöst werden. Der Ton dieser Passage ist bewusst flapsig-ironisch, und die zentralen Ausdrücke »stinkt ein bisserl«, »stinkt gewaltig« und »Koordinierter Kriminaldienst« wurden von einem Ottenschlager Polizisten, den ich letztes Jahr hinsichtlich seiner Vorgangsweise beim Auffinden einer Leiche befragt habe, wortwörtlich so verwendet. Ich gehe also davon aus, dass die Ausdrücke passen. Hauptsächlich kreisen meine Fragen an dich um Ränge im Exekutivdienst und um LKA-spezifische Usancen bei anlaufenden Ermittlungen.

Ich wäre dir sehr dankbar, wenn du nach der Lektüre der Textpassage die Fragen mit mir am Telefon durchgehen könntest oder sie gleich schriftlich beantwortest – was immer dir lieber ist!

Textpassage aus *Kaltviertel*:

Es ist der Morgen des 5. Juni 2013. Ein kühler Donnerstagmorgen und ein stinknormaler Werktag für Revierinspektor Nagel auf dem Ottenschlager Polizeiposten. Und andererseits doch wieder ein höchst ungewöhnlicher.

Vor ihm sitzt seit zwanzig Minuten Stunde der Installateur Heinz Kriegler aus Weinzierl am Walde und bemüht sich vergeblich, seine Fassung wieder zu erringen.

Wie der Mann unter heftigem Schluchzen zu Protokoll gibt, hatte er seine übliche morgendliche Laufstrecke entlang der Kleinen Krems unterhalb der Burg Hartenstein etwa zur Hälfte absolviert, als er plötzlich eine seltsame Beobachtung machte. Genau beim Wegweiser zur Gudenushöhle sei ein brauner, neuwertiger und teuer wirkender Lederschuh gelegen. Als Kriegler sich irritiert umsah, stellte er fest, dass der kurze, aber steile Pfad hinauf zur Höhle dunkle Streifen im Erdreich aufwies, bei denen es sich seinem Dafürhalten nach um Schleifspuren handelte. Er folgte den Spuren, die unmittelbar beim östlichen Eingang der Höhle endeten. Nur wenige Meter hinter dem Eingang sah er bereits den halb nackten Körper, um ihn herum lagen auf dem Boden verstreut Krawatte, Hemd, Rock und Hose, vermutlich das Gewand des Toten. Er habe sich einfach nicht überwinden können, den nur mit Unterhose und Socken bekleideten Körper zu berühren, um seinen ersten Eindruck durch eine Griff ans Handgelenk oder an die Halsschlagader zu bestätigen. Aber dass es sich um eine Leiche handelte, war für ihn ohnehin traurige Gewissheit. Nicht nur wegen des deutlich wahrnehmbaren und höchst unangenehmen Geruchs, der von ihr ausging, sondern vor allem wegen der Haltung, in der der Körper bäuchlings und mit unnatürlich abgewinkelten Gliedmaßen auf dem Höhlenboden lag. So würde kein Lebender daliegen, nie und nimmer. Und, nein, Wunden oder Blut habe er nicht wahrgenommen; wobei er ja, wie schon gesagt, die Leiche nicht berührt, geschweige denn umgedreht habe.

Alle diese Fakten hat RI Nagel natürlich nicht in dieser bündigen, protokolltauglichen Form erhalten, sondern er musste sie dem Mann aus der vom vielen Flennen verrotzten Nase ziehen. Bildlich gesprochen. Jedenfalls eine mühsame Angelegenheit.

»Und sie sind unmittelbar nach Auffinden der Leiche hierher gefahren?«

»Ja, sofort. Ich musste natürlich erst zurück zum Auto laufen, aber das hat keine zehn Minuten gedauert. Dann bin ich stracks hierher gefahren.«

Revierinspektor Nagel runzelt die Stirn.

»Und wieso nicht zum Posten in Weißenkirchen? Der liegt doch wesentlich näher bei der Burg Hartenstein.«

»Keine Ahnung, ich habe mir das nicht überlegt. Hätt' ich erst im Navi nachschauen sollen, welcher Polizeiposten der nächste ist? Ich bin einfach hierher gefahren, weil ich die Ottenschlager Adresse kenne: Unterer Markt 10. Hab' schließlich hier schon öfters Strafe gezahlt wegen Falschparkens.«

Okay, das ist natürlich ein Argument, das muss der Revierinspektor anerkennen. Leise flucht er in sich hinein. Wie gerne hätte er diese Meldung mit all ihren unerquicklichen Konsequenzen lieber den Kollegen in der Wachau überlassen.

Wenn in seinem Zuständigkeitsbereich irgendwo eine Leiche auftaucht – was glücklicherweise überaus selten vorkommt –, gilt es sich zuerst diese eine Frage zu stellen: Stinkt's oder stinkt's nicht. Also nicht die Leiche – der Sachverhalt! In ersterem Fall wäre dann weiter zu unterscheiden zwischen »stinkt's ein bisserl« oder »stinkt's gewaltig«. Diese Differenzierung hat nämlich wesentliche Auswirkungen auf die weitere Vorgangsweise des Exekutivbeamten. Im Fall eines geringen Verdachts würde einfach eine kriminalpolizeiliche Leichenbeschau zusammen mit dem nächstbesten Gemeindearzt vorgenommen werden; mittlerweile gibt es ja an jeder Bezirksstelle Polizisten, die sich im Rahmen des Koordinierten Kriminaldienstes schon eine entsprechende Erfahrung angeeignet haben. Im Fall eines wirklich bedenklichen Todesfalls heißt es auf der Stelle das LKA in St. Pölten anrufen, um sich keine Vorwürfe einzuhandeln. Aber das klingt klarer, als es ist. Umgekehrt regen sich nämlich die lieben Kollegen in der Landeshauptstadt auch furchtbar gerne darüber auf, wenn man sie zu schnell ruft! Insbesondere, wenn sich später herausstellen sollte, dass zum Beispiel der alte Huberbauer keinesfalls einem Gewaltverbrechen, sondern nur der eigenen Fresssucht zum Opfer gefallen ist – will heißen mit dem Hals in die Kreissäge geriet, weil er halt unbedingt während der Arbeit ein Speckbrot verzehren musste; daraus könnte einem einfachen Revierinspektor leicht ein Strick gedreht werden. Wer, wie Nagel, diese Situation schon erlebt hat, tut sich das nächste Mal mit der Beurteilung gar nicht mehr so leicht. Da wird aus einer einfachen Fragestellung ein richtiges Dilemma.

Aber wie es aussieht, fällt in diesem Fall die Entscheidung leicht.

Wenn in einer abgelegenen Höhle, die längere Zeit über nur von den Neandertalern bewohnt wurde, ein halbnackter Toter gefunden wird, der sich ganz offensichtlich nicht suizidiert hat, sondern unter Einbüßung eines teuren, womöglich handgefertigten Lederschuhs in selbige Höhle geschleppt wurde, fällt das unter die Kategorie »stinkt gewaltig«. Eindeutig!

Ohne länger nachdenken zu müssen, greift RI Nagel zum Telefon.

»Das Landeskriminalkommando, bitte!«

Nun meine Fragen:

1. Passt der Rang RI (Revierinspektor) für einen ca. 50 Jahre alten Polizisten auf einem kleinen Polizeiposten wie Ottenschlag im Waldviertel?

Antwort HP: Mit 50 Jahren und angenommen mehr als 20 Dienstjahren darf er schon Bezirksinspektor oder zumindest Gruppeninspektor sein.

2. Mir wurde von einem Ottenschlager Polizisten, den ich letztes Jahr interviewte, von diesem Koordinierten Kriminaldienst erzählt. Gesetzt den Fall, das niederösterreichische LKA zieht für die Ermittlungen vor Ort eine ortskundige Kollegin aus der Bezirkshauptstadt Zwettl bei, die eben diesem Koordinierten Kriminaldienst angehört – welchen Rang würde diese ca. 40-Jährige wohl haben? Würde der Rang BI (Bezirksinspektor) hinkommen, wie ich an anderer Stelle geschrieben habe? Und könnte sie nach erfolgreicher Lösung des Falls zur AI (Abteilungsinspektorin) befördert werden?

Antwort HP: Hier gilt dasselbe. Es kommt halt immer auf das Alter bzw. Dienstalter des Beamten an. Ein altgedienter KKDler (Koordinierter

Kriminaldienst) = Spurensicherer kann Abteilungsinspektor sein oder eben mit weniger Dienstjahren Bezirksinspektor.

Übrigens können in der Realität nach außergewöhnlichen Erfolgen keine Beförderungen ausgesprochen werden. Beförderungen richten sich ausschließlich nach Dienstjahren und Ausbildung gemäß dem Beamtengesetz. Für außergewöhnliche Leistungen erhalten die Exekutivbeamten eine »belobigende Anerkennung« von der LPD (Landespolizeidirektion), das ist ein Dekret mit besonderer Würdigung seiner Leistung, oder wenn sich ein Beamter ganz besonders hervortut, eine Medaille für Verdienste um die Republik Österreich.

3. Wenn, wie in meinem Fall (siehe Textausschnitt oben), ein offensichtlich Ermordeter in einer unzugänglichen Gegend gefunden wird – zur Höhle führt nur ein schmaler, steiler Pfad hoch durch den Wald – wie würde das LKA bzw. die Spurensicherung (oder als Terminus technicus besser die Abteilung Kriminaltechnik?) vorgehen? Ich schätze, es gibt in jedem Bundesland/in jeder Kriminalabteilung mobile Einheiten der Kriminaltechnik, die auch ohne Fahrzeug ihre Gerätschaften vor Ort aufbauen können – richtig? Ich denke da v. a. an große Lampen mit Akkus zur Beleuchtung des Tatorts, in einer Höhle ist die Ausleuchtung ja besonders wichtig.

Antwort HP: Die Beamten der Spurensicherung (Tatortgruppe) fahren mit ihren speziell ausgerüsteten Fahrzeugen (meistens VW-Bus Allrad) so weit gefahren werden kann. Den Rest des Weges müssen die Geräte inklusive Stromaggregat getragen werden. Auf eine Alpe oder Schihütte improvisiert ev. mit Hubschrauber oder Skidoo oder ähnlichen Transportmitteln. Extra dafür eingerichtete Spurensicherungseinheiten gibt es nicht. Die Spurensicherungsutensilien sind alle in speziellen Koffern und Behältnissen verwahrt.

4. Wie viele Kriminalbeamte mit welchen Funktionen würden – wie im obigen Textausschnitt angedeutet – auf den Anruf von RI Nagel wohl aus St. Pölten anrauschen? Für dich ist in diesem Zusammenhang vielleicht wichtig zu wissen, dass ich die beigezogene Kollegin vom »Koordinierten Kriminaldienst« aus Zwettl

(bei mir heißt sie Johanna »Hanni« Schweighofer) die Haupt-arbeit, v. a. die Befragungen der Verdächtigen, erledigen lassen möchte. Spricht irgendetwas dagegen? Die Idee dahinter: Hanni kennt nämlich aus ihrer Jugend in Penzdorf die zu Befragenden, u. a. auch meine Heldin Frieda Prohaska, was natürlich eine ganz spezielle Dynamik ergibt. Eventuell könnte ja ein St. Pöltener Kripobeamter sie dabei begleiten, um ihr auf die Finger zu schauen. Was hältst du von dieser Konstruktion?

Antwort HP: Das ist etwas schwierig, die Aufgabe des KKD ist hauptsächlich die Spurensicherung. Sie machen kaum Vernehmungen, eher informative Befragungen. In deinem Falle würden nach meinen Erfahrungen mindestens zwei bis drei Beamte vom Ermittlungsbereich »Leib/Leben« (wo ich Chef war) kommen, die die Vernehmungen von Zeugen, Verdächtigen, Beteiligten etc. vornehmen, weiters Anträge an die StA. stellen sowie Veranlassungen wie etwa Observationen, Telefonüberwachung, Hausdurchsuchung usw. in die Wege leiten. Weiters würde das LKA ein Team der Tatortgruppe/Spurensicherung entsenden, das die Spurensicherungsagenden des KKD übernimmt. Formelle Vernehmungen von Personen, mit denen man in einem Nahe-oder Vertrauensverhältnis steht, haben wir weitestgehend vermieden. Insbesondere wenn ein Tatverdacht bestehen könnte (Befangenheit).

5. Noch etwas eher Nebensächliches: Im Text oben heißt es »Wenn in seinem Zuständigkeitsbereich irgendwo eine Leiche auftaucht ...«. Passt der Begriff »Zuständigkeitsbereich«, oder sollte ich besser einen anderen verwenden? (Zuerst hatte ich stattdessen »Revier« geschrieben – aber so nennt man wohl nur den jeweiligen Polizeiposten, oder?)

Antwort HP: Zuständigkeitsbereich ist absolut zutreffend, nicht »Revier«.

Betreff: Re: 6. Krimi, für meinen Testleser Hans (for your eyes only)
Habe soeben deinen Roman fertiggelesen – gratuliere, ganz schöne Kopfarbeit!

Während des Lesens hat sich mein Ermittlerverdacht natürlich auf Gunnar gerichtet, weil der das triftigste Motiv und, wie sich herausstellte, ja auch tatsächlich Mordabsichten hatte. Nachdem der aber als Mörder Kastners aus dem Spiel war, konnte man nach Rametsteiner auch schon Hilde Kainz in den Verdächtigenkreis einbeziehen.

Also bis Seite 203 hätte ich noch keinen konkreten Tatverdacht erheben können. Die denkbaren Möglichkeiten waren nach meiner Meinung bei diesem Wissensstand noch zu groß. Der Umstand, dass Kastner den Rametsteiner und die Kainz gleichzeitig und offenbar sofort absägen wollte, kam überraschend im allerletzten Abdruck und war vorher nicht deutlich – in angedeuteter Weise schon – erkennbar.

Kriminalistisch gibt es ein paar Dinge zu erwähnen, die wir vielleicht auch in einem Gespräch behandeln können. Kurz angesprochen wäre das unter anderem nach meinem Dafürhalten, dass die Ermittler aus St. Pölten einfach auf die Anwesenheit eines Schweden im Dorf stoßen hätten müssen.

Wenn dem Opfer mehrere Schläge auf den Kopf zugefügt wurden, dann wäre das vom Gerichtsmediziner erkannt worden.

Seite 136: »von einem Schlag mit einem glatten, stumpfen Gegenstand«: Ich würde nur von einem stumpfen (nicht auch »glatten«) Gegenstand berichten.

Noch ein paar kleine Schönheitsfehler:

Seite 111: »umgekehrt regen sich nämlich die lieben Kollegen in der Landeskriminalabteilung auch furchtbar gerne darüber

auf«: »Landeskriminalabteilung« sollte durch »Landeskriminalamt« ersetzt werden

Seite 221: »Die einzige AI in der Wiener LKA«: im Wiener LKA

Insgesamt passen die Arbeit und Vorgangsweise der Ermittler
aber ganz gut.

Jedenfalls nach meiner bescheidenen Einschätzung wieder
ein gelungenes Werk.

Gesendet: Donnerstag, 1. Oktober 2015
Von: Johann Poiger
An: Franz Kabelka

Betreff: Re: 6. Krimi, for your eyes only
Zu deinen letzten Fragen einige grobe Erklärungen, sozusagen als
vorläufige Orientierung für dich. Die Fragen lassen sich in einem
Gespräch ausführlicher beantworten und erläutern. Schriftlich
ist das ziemlich aufwendig.

Die ausführlichen Beschreibungen von Personen und Orten
vermitteln exzellent eine miefige und verlogene Dorfatmosphäre,
in die die heimtückische Mordhandlung sehr gut hineinpasst
bzw. aus der sie sich verständlich entwickelt. Ich habe jedenfalls
ganz konkrete eigene Vorstellungen bzw. Bilder von den Örtlichkeiten und Personen im Kopf.

Im Prolog ist mir natürlich gleich die Beschreibung des Briefbe-
schwerers aufgefallen, denn der würde nach meiner Meinung nebst
Rametsteiner nicht beschrieben, hätte er nicht irgendeine Bedeutung. Ich habe aber den Briefbeschwerer nicht von vornherein oder
laufend als mögliches Tatwerkzeug im Auge gehabt. Ich habe mir
anfänglich gedacht, dass der Briefbeschwerer eine Beziehungs-
bedeutung zwischen Rametsteiner und Kastner haben könnte.

Du hast CI Wabitsch feststellen lassen, dass es sich um eine
Beziehungstat handelt. (Ich bin mir nicht sicher, ob du den Begriff
der Beziehungstat weiter auslegst als ich, darüber müssen wir

noch sprechen.) Jedenfalls sind im Laufe der Ermittlungen alle Personen im nahen Umfeld des Getöteten, die ein triftiges Motiv hatten, ausgeschieden. Nach der Ehefrau von Bürgermeister Kastner war aber Hilde Kainz als Geliebte sozusagen die engste oder nächste Beziehungsperson zu ihm. Von dieser ist jedoch kaum die Rede, außer in einer fast routinemäßigen Alibibefragung durch Wabitsch und Kollegin. Ich habe mir während des Lesens erwartet, dass Wabitsch, eine/n Beziehungstäter/in suchend, sich eingehend mit Hilde Kainz beschäftigt. Im Text ist überhaupt kein Hinweis auf eine eventuelle Täterschaft der Hilde Kainz herauszulesen. Ich habe sie aber als Geliebte des Opfers immer im Hinterkopf gehabt, weil eben enge Beziehungsperson und ein äußerst dürftiges Alibi.

Das Alibi von Rametsteiner hätte ich als CI Wabitsch nicht als wasserdicht bezeichnet und mir vorgenommen, diese Angaben bzw. die Person Rametsteiner noch intensiver unter die Lupe zu nehmen oder einen Kollegen damit beauftragen. Ähnliches gilt für die Alibiangaben und die Person Hilde Kainz.

Soweit zu deinen letzten Fragen, Weiteres werden wir wohl persönlich besprechen.

Nachwort

Die in diesem Buch dargestellten Straftaten stehen repräsentativ für 134 versuchte und vollendete Tötungsdelikte, inklusive erweiterter Selbstmorde, die sich in der Zeit von 1978 bis 2008 in Vorarlberg zugetragen haben. Es hätten noch viele andere grausam und absurd ausgeführte Delikte beschrieben werden können, doch eine vorwiegend gewalt- und bluttriefende Lektüre zu schaffen lag nicht in unserem Interesse. Außerdem verzichteten wir in einigen Fällen, die für die Opfer oder deren Angehörige immer noch sehr schambesetzt oder schmerzlich sein könnten, bewusst auf eine genauere Darstellung des Sachverhalts.

Die Bearbeitung eines Tötungsdelikts ist meistens, von der ersten Sachverhaltsaufnahme bis zur Anzeige- oder Schlussberichtsreife an die Staatsanwaltschaft, sehr umfangreich, aufwendig und manchmal aufreibend. Da ist es hilfreich und wohltuend, wenn man von engagierten, kompetenten und freundschaftlichen Kollegen in einem verlässlichen Team begleitet wird. Ihnen – Anton Kraxner, Andreas Wittmann, Bernd Marent und Peter Stadler – ein herzliches Dankeschön, insbesondere für manch gesellige Stunde abseits der Arbeit. Danke auch den vielen anderen Kollegen des LKA Vorarlberg, mit denen ich erfolgreich und weniger erfolgreich zusammengearbeitet habe. Nicht zuletzt möchte ich mich bei meinem letzten Chef Hardy Tschofen und seinen Vorgängern bedanken, mit denen ich nie wirklich tiefer gehende Divergenzen hatte. Jedenfalls ich nicht mit ihnen.

Ich hatte mir vorgestellt, mit dem Eintritt in den Ruhestand das Berufsleben endgültig hinter mir lassen zu können. Kein Zeitdruck, kein Erfolgsdruck mehr, keine ständigen Überlegungen über die Handlungsweise von Tätern und Betroffenen. Der Zeit- und Erfolgsdruck waren auch tatsächlich sofort weg, aber die Gedanken, warum und wie Menschen handeln, blieben. Immer noch betrachte ich die Welt durch die Brille des »Kriminalers«.

Als Franz Kabelka die Idee zu dieser »Einvernahme« hatte, sah ich darin ein interessantes Projekt. Die schriftstellerische Aufbereitung von Kriminalfällen mit der realen Arbeit eines Ermittlers zu vergleichen, fand ich anregend. Weder bei mir noch bei Kabelka bestand je die Intention, die Polizei insgesamt bzw. die kriminalpolizeiliche Arbeit im Speziellen besonders wohlwollend oder gar geschönt darzustellen. Im Gegenteil: Franz Kabelka bewirkte durch seine Art der Fragestellung eine eher kritische Sicht auf die mir vertrauten Verhältnisse, was mich mitunter auch durchaus irritierte. Dennoch bin ich rückblickend der Meinung, dass unsere Gespräche und Mails der oft klischeehaften Betrachtung kriminalpolizeilicher Arbeit insgesamt ein gesundes Kontra entgegensetzen.

Mit dem Wachrufen und Hineindenken in längst zurückliegende Kriminalfälle, wie auch in das vergangene Berufsleben überhaupt, entwickelte sich dieses Projekt allerdings bald zur Herausforderung. Ich benötigte Zeit, um aufgewirbelte Gedanken über 37 Jahre Kriminaldienstzeit wieder einzufangen und zu ordnen. Oder um Überlegungen darüber anzustellen, was damals richtig oder falsch war, warum ich so und nicht anders gehandelt hatte. Erfolgserlebnisse mischten sich mit der Infragestellung eigenen Verhaltens, was vorübergehend eine diffuse Verunsicherung hervorrief. An dieser Stelle ein großes Dankeschön meiner Frau Waltraud, die diese Zeit mit Geduld ertragen hat, und meinem Freund Franz Kabelka, der es verstand, meinen Durchhänger bravourös aufzufangen.

Schließlich beruhigte mich die Erkenntnis, nicht auf der Seite jener gestanden zu sein, die mich ein Berufsleben lang beschäftigt haben. Ich wollte diesen Job von Jugend an ausüben und habe meine Entscheidung nie bereut. Allerdings habe ich mir damit auch ein »lebenslänglich« eingefangen – denn die Geister, die ich rief, werde ich wohl nie mehr los: Einmal Kriminaler, immer Kriminaler.

Hans Poiger, im Dezember 2018

Bildnachweis

Der Dank der Autoren gilt den Zeitungen für ihre Zustimmung zur Veröffentlichung ihrer Beiträge zu den einzelnen Fällen.

Seite 19: Postkarte an die Polizei Bregenz, abgedruckt von den Vorarlberger Nachrichten (VN) am 6.2.2010

Seite 22: »Jack« im Ländle, Leiche ohne Kopf; aus: VN, Samstag/ Sonntag, 13./14. November 2010

Seite 24: Ausschnitt aus einem Artikel mit dem Bild einer blutigen Messerklinge; aus: VN, Mittwoch, 16.11.2005, Seite 17

Seite 26: Ausschnitt aus einem Artikel mit der Abbildung von Hans Poiger; aus: VN, Mittwoch, 16.11.2005, Seite 17

Seite 34: »Strich«: Früher Prügel, heute der Schuß Heroin; aus: NEUE Vorarlberger Tageszeitung, Sonntag, 13.10.1991

Seite 36: Zeiten der Zuhälterkriege sind im Rheintal vorbei; aus: Ostschweiz, Sonntag, 3.11.2013

Seite 46: Befreit von einem Fluch; aus: VN, Dienstag, 12.6.2007

Seite 47: Axt-Täter vom Ried war eine »tickende Zeitbombe«; aus: VN, Dienstag, 12.6.2007

Seite 52: »Wieso soll ich den Hans umbringen lassen?«; aus: NEUE, Dienstag, 29.1.1985

Seite 62: Mord: Verdächtiger ist verhaftet; aus: VN, Mittwoch, 6.11.1985

Seite 74: Mordprozeß: Staatsanwalt geht zum Höchstgericht; aus: NEUE, Samstag, 16.11.1996

Seite 75: Mordfall Krampe: Vorwürfe gegen den Chefermittler; aus: NEUE, Sonntag, 27.10.1996

Kriminalromane von Franz Kabelka

Heimkehr
  Haymon-Verlag, Innsbruck 2004

Letzte Herberge
  Haymon-Verlag, Innsbruck 2006

Dünne Haut
  Haymon-Verlag, Innsbruck 2008

Jemand anders
  Haymon-Verlag, Innsbruck 2011

Gesundes Gift
  Styria Verlag, Wien 2014

Kaltviertel
  Bibliothek der Provinz, Weitra 2017

www.franzkabelka.weebly.com

Mit freundlicher Unterstützung der Stadt Feldkirch